信为本 操守为重

持准则 不做假账

——与学习会计的同学共勉

国家级精品资源共享课配套教材

icve 智慧职教　高等职业教育在线开放课程新形态一体化教材

财务管理习题与实训

（第二版）

▶主　编　孔德兰
▶副主编　杨柏樟　许　辉

高等教育出版社·北京

内容提要

本书是国家级精品资源共享课教材《财务管理实务》（第二版）的配套学习指导、习题与实训用书。

本书编者根据 2019 年实施的最新财税法规与财务管理实践，对《财务管理习题与实训》进行了修订。本书各章内容包括五个部分："本章学习目标""本章重点与难点""知识点回顾""典型题例分析""职业能力训练"，注重突出财务管理岗位职业素质与职业能力培养。本书体现了训练内容的科学性和系统性，多样性与实用性、岗位性与综合性等特色。

本书可作为高等职业院校财会类专业及相关专业的全国通用教材，也可供企业在职人员培训使用。

本书配有习题答案以及与课程配套的多种资源，包括国家级精品资源共享课程"财务管理实务"（http://www.icourse.cn/sCourse/course_2949.html）中建有的网络学习资源（内含教学录像、演示文稿、习题作业、例题、案例、媒体素材、学习指南等）。本书学习者可在线学习相关资源，亦可按照"郑重声明"页的资源服务提示获取其他资源服务。

图书在版编目（CIP）数据

财务管理习题与实训/孔德兰主编. --2 版. --北京：高等教育出版社，2020.6
ISBN 978-7-04-054103-8

Ⅰ.①财… Ⅱ.①孔… Ⅲ.①财务管理-高等职业教育-教学参考资料 Ⅳ.①F275

中国版本图书馆 CIP 数据核字（2020）第 083686 号

策划编辑	贾玉婷	责任编辑 马 一	封面设计 赵 阳	版式设计	王艳红
责任校对	窦丽娜	责任印制 耿 轩			

出版发行	高等教育出版社	网 址	http://www.hep.edu.cn	
社 址	北京市西城区德外大街 4 号		http://www.hep.com.cn	
邮政编码	100120	网上订购	http://www.hepmall.com.cn	
印 刷	北京市白帆印务有限公司		http://www.hepmall.com	
开 本	787mm×1092mm 1/16		http://www.hepmall.cn	
印 张	11.25	版 次	2015 年 7 月第 1 版	
字 数	270 千字		2020 年 6 月第 2 版	
购书热线	010-58581118	印 次	2020 年 6 月第 1 次印刷	
咨询电话	400-810-0598	定 价	32.60 元	

第二版前言

本书是国家级精品资源共享课教材《财务管理实务》（第二版）的配套习题与实训用书。本书侧重于财务管理课程的训练环节，以强化学生对理论知识的复习及技能训练为原则，以财务管理相关业务操作为主体，注重与会计专业技术职称考试对接，旨在帮助学生全面掌握教材的相关知识点与技能点，系统训练财务管理工作过程中的典型工作任务，培养学生分析问题、发现问题和解决问题的能力，有效提升学生的实践操作能力、创新思维能力和财务职业综合素质。

本次修订一方面旨在满足新时期我国高等职业教育教学改革对会计专业新型教材的需求，以及满足国家精品资源共享课"财务管理实务"持续发展的内在需要；另一方面则是根据财政部发布的最新会计、税收法律法规的相关规定对教材陈旧内容进行更新。本书注重突出财务管理岗位职业素质与职业能力培养，各章内容均包括五部分："本章学习目标""本章重点与难点""知识点回顾""典型题例分析"和"职业能力训练"。本书的主要特色是：

一是训练内容的科学性和系统性。本书力求体现"以就业为导向，以能力为本位"的职业教育精神，从培养学生财务管理岗位专业能力、社会能力、方法能力出发，本着有理论、有实务、有分析、有应用的原则，关注职业道德的培养，合理设计训练的知识点与技能点，强化财务管理能力的培养。

二是训练内容的多样性与实用性。本书注重对接会计专业技术资格考试中关于"财务管理"的技术资格标准，紧扣考试题型，合理设计训练内容。力求做到内容新颖，版式生动，增加教材的实用性与趣味性，有效激发学生学习兴趣。运用大量的图表来完成"知识点回顾"内容，条理清晰，便于学生理解记忆。

三是训练内容的岗位性与综合性。按照"体现财务管理工作过程特征，有效培养学生职业能力"的目标，精心整合财务管理理论与实务，注重财务管理岗位实训操作训练，强化对学生实际操作能力、解决问题能力以及专业判断能力的培养。兼顾职业素养养成，培养学生诚实守信、客观公正、廉洁自律、善于沟通、团结合作的职业素养和品质，为发展职业能力奠定良好的基础。

本书由长期从事财务管理教学与科研的骨干教师和会计行业实务专家共同编写。本书由"财务管理实务"国家精品资源共享课程负责人、国家"万人计划"教学名师、浙江金融职业学院孔德兰教授担任主编，负责拟定修订大纲，并对全书总纂和定稿；全国杰出会计工作者、传化集团副总裁、教授级高级会计师杨柏樟和浙江金融职业学院许辉副教授担任副主编。具体编写分工如下：第一章、第二章由北京农业职业学院梁瑞智副教授编写，第三至第五章、第九章和第十章由许辉副教授编写，第六至第八章由孔德兰教授编写。

　　本书在编写过程中借鉴和参考了国内外大量相关书籍和教材，在此谨向所有相关作者表示诚挚的感谢。虽然我们在本书编写过程中做了很多努力，但由于作者水平有限，书中难免存在纰漏或不当之处，敬请各位读者朋友批评指正。

编　者

二〇二〇年三月

第一版前言

本书是国家级精品资源共享课教材《财务管理实务》的学习指导、习题与实训用书。本书侧重于财务管理课程的训练环节，以强化学生对理论知识的复习及技能训练为原则，以财务管理相关业务操作为主体，注重与会计专业技术职称考试对接，旨在帮助学生全面掌握主教材的相关知识点与技能点，系统训练财务管理工作过程中的典型工作任务，培养学生发现问题、分析问题和解决问题的能力，有效提升学生的实践操作能力、创新思维能力和财务职业综合素质。

本书充分吸收国家级精品资源共享课课程建设与改革成果，其各章内容包括五个部分："本章学习目标""本章重点与难点""知识点回顾""典型题例分析""职业能力训练"，注重突出财务管理岗位职业素质与职业能力培养。本书的主要特色是：

一是训练内容的科学性和系统性。力求体现"以就业为导向，以能力为本位"的职业教育精神，从培养学生财务管理岗位专业能力、社会能力、方法能力、学习能力出发，本着有理论、有实务、有分析、有应用的原则，关注职业道德的培养，合理设计训练的知识点与技能点，强化财务管理能力的培养。

二是训练内容的多样性与实用性。注重对接会计专业技术资格考试标准，紧扣职称考试题型，合理设计训练内容。力求做到内容新颖，版式生动，增加教材的生动性与趣味性，有效激发学生学习兴趣。运用大量的图表来完成"知识点回顾"内容，条理清晰，便于学生理解记忆。

三是训练内容的岗位性与综合性。按照"体现财务管理工作过程特征，有效培养学生职业能力"的目标，精心整合财务管理理论与实务，注重财务管理岗位实训操作训练，强化对学生实际操作能力、解决问题能力以及专业判断能力的培养。兼顾职业素养养成，培养学生诚实守信、客观公正、廉洁自律、善于沟通、团结合作的职业素养和品质，为发展职业能力奠定良好的基础。

本书由长期从事财务管理教学与科研的骨干教师和会计行业实务专家共同编写。本书由"财务管理实务"国家级精品资源共享课程负责人、浙江省教学名师、浙江金融职业学院孔德兰教授担任主编，负责拟订编写大纲和样章，并对全书总纂和定稿；全国杰出会计工作者、传化集团副总裁、教授级高级会计师杨柏樟和副教授许辉博士担任副主编。具体编写分工如下：第一章、第二章由梁瑞智教授编写，第三至第五章、第九至第十章由许辉副教授编写，第六至第八章由孔德兰教授编写。

　　本书在编写过程中，借鉴和参考了国内外大量相关书籍和教材，在此，谨向所有相关作者表示诚挚的感谢。虽然我们对本书的撰写做了很多努力，但由于作者水平有限，书中难免存在纰漏或有不当之处，敬请各位读者朋友批评指正。

编　者

二〇一五年六月

目　录

第一章
财务管理概述

【本章学习目标】

1. 掌握财务管理的含义及其内容，能够正确分析企业财务活动与财务关系，熟悉企业财务管理的环节；

2. 理解各种财务管理目标的优缺点，能够合理选择企业财务管理目标并对利益冲突进行协调；

3. 理解财务管理环境对财务管理的影响，能够准确分析企业财务管理的环境；

4. 了解财务管理机构的设置，能够合理设置企业财务管理的组织机构。

【本章重点与难点】

1. 财务管理；

2. 财务活动与财务关系；

3. 财务管理目标；

4. 财务管理环境。

【知识点回顾】

第一节　财务管理概述

一、企业及其组织形式

企业是一个契约性组织，它是从事生产、流通、服务等经济活动，以生产或服务满足社会需要，实行自主经营、独立核算、依法设立的一种营利性的经济组织。企业的目标是创造财富（或价值）。

企业通常具有以下五个特征：①企业是经济组织；②企业在经营上是独立的；③企业以盈利为目的；④企业具有法人资格，可以独立承担民事责任；⑤企业具有完整的组织架构。

二、财务管理的内容

财务管理是企业组织财务活动、处理财务关系的一项综合性的管理工作。

企业的财务活动包括投资、筹资、资金营运和利润分配等一系列行为。

在投资活动、筹资活动、资金营运活动和利润分配活动中企业与各方面有着广泛的财务关系（见表 1-1）。

表 1-1

关系人	表现
企业与投资者	企业的投资者向企业投入资金，企业向其投资者支付投资报酬
企业与债权人	企业向债权人借入资金并按合同的规定支付利息和归还本金
企业与受资者	企业以购买股票或直接投资的形式向其他企业投资
企业与债务人	企业将其资金以购买债券、提供借款或商业信用等形式出借给其他单位
企业与供货商企业、客户	企业购买供货商的商品或劳务以及向客户销售商品或提供服务
企业与政府	政府作为社会管理者通过收缴各种税款的方式与企业发生经济关系
企业内部各单位	企业内部各单位之间在生产经营各环节中互相提供产品或劳务所形成的经济关系
企业与职工	企业向职工支付劳动报酬过程中所形成的经济利益关系

三、财务管理的特点

财务管理是一项综合性管理工作，与企业各方面具有广泛联系，能迅速反映企业生产经营状况。

四、财务管理的环节

财务管理的环节是指企业财务管理工作的步骤与一般程序。一般而言，企业财务管理包括如表 1-2 所示的几个环节。

表 1-2

环节	步骤	环节	步骤
规划与预测	（1）明确预测目标 （2）收集相关资料 （3）建立预测模型 （4）确定财务预测结果	财务预算	（1）分析财务环境，确定预算指标 （2）协调财务能力，组织综合平衡 （3）选择预算方法，编制财务预算
财务决策	（1）确定决策目标 （2）提出备选方案 （3）选择最优方案	财务控制	（1）制定控制标准，分解落实责任 （2）实施追踪控制，及时调整误差 （3）分析执行情况，搞好考核奖惩

环节	步骤	环节	步骤
财务分析和业绩评价	（1）占有资料，掌握信息 （2）指标对比，揭露矛盾 （3）分析原因，明确责任 （4）提出措施，改进工作		

第二节　财务管理的目标、原则与组织

一、财务管理的目标

财务管理的目标是在特定的理财环境中，通过组织财务活动、处理财务关系所要达到的目的。

（一）财务管理目标理论

财务管理各目标理论的优缺点见图1-1。

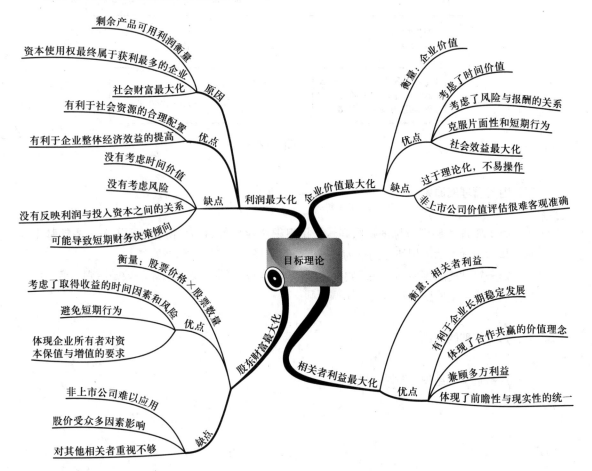

图 1-1

（二）利益冲突与协调

协调冲突需要把握的原则：尽可能使企业相关者的利益分配在数量上和时间上达到动态的协调平衡。

在所有的利益冲突中，所有者和经营者、所有者和债权人的利益冲突又至关重要，见图 1-2。

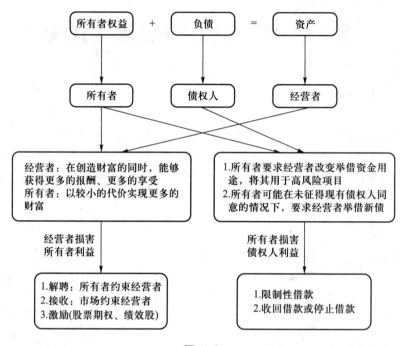

图 1-2

二、财务管理的原则

财务管理的原则也称理财原则，是指组织企业财务活动和协调处理财务关系的基本准则，是体现理财活动规律性的行为规范，是对财务管理的基本要求。

财务管理的原则包括依法理财原则、风险—收益平衡原则、成本—效益原则、变现能力与盈利能力平衡原则、利益关系协调原则。

三、财务管理的组织

财务管理的组织示意图见图 1-3。

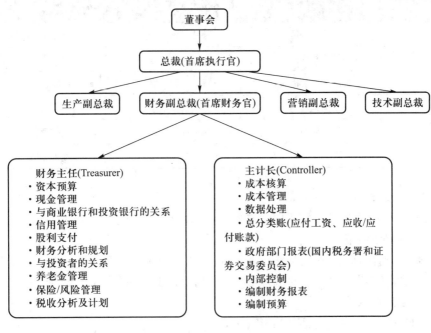

图 1-3

第三节　财务管理的环境

一、技术环境

财务管理的技术环境是指财务管理得以实现的技术手段和技术条件，它决定着财务管理的效率和效果。

二、经济环境

财务管理的经济环境包括经济体制、经济周期、经济发展水平、宏观经济政策以及由此决定的通货膨胀水平等。

（一）经济体制

计划经济体制下，财务管理内容比较单一，方法比较简单；市场经济体制下，财务管理内容比较丰富，方法也复杂多样。

（二）经济周期

在不同的阶段，企业应相应采用不同的财务管理策略。

经济周期中的财务管理战略见表 1-3。

表 1-3

复苏	繁荣	衰退	萧条
增加厂房设备	扩充厂房设备	停止扩张	建立投资标准
实行长期租赁	继续储备存货	出售多余设备	保持市场份额
储备存货	提高产品价格	停产不利产品	压缩管理费用
开发新产品	开展营销规划	停止长期采购	放弃次要利益
增加劳动力	增加劳动力	削减存货	削减存货
		停止扩招雇员	裁减雇员

（三）经济发展水平

企业财务管理工作者必须积极探索与经济发展水平相适应的财务管理模式。

（四）宏观经济政策

财税体制、金融体制、外汇体制、外贸体制、价格体制、投资体制、社会保障制度、企业会计准则体系等改革措施，会深刻地影响企业的发展和财务活动的开展。

（五）通货膨胀水平

通货膨胀水平对企业财务活动的影响如下：

（1）引起资金占用的大量增加，从而增加企业的资金需求；

（2）引起企业利润虚增，造成企业资金流失；

（3）引起利润上升，加大企业的权益资金成本；

（4）引起有价证券价格下降，增加企业的筹资难度；

（5）引起资金供应紧张，增加企业的筹资困难。

企业应对通货膨胀的措施通常包括：

通货膨胀初期：

（1）企业进行投资可以避免风险，实现资本保值；

（2）与客户签订长期购货合同，以减少物价上涨造成的损失；

（3）取得长期负债，保持资本成本的稳定。

通货膨胀持续期：

（1）采用比较严格的信用条件，减少企业债权；

（2）调整财务政策，防止和减少企业资本流失等。

三、金融环境

（一）金融机构

金融机构主要是指银行和非银行金融机构。

（二）金融市场的分类

金融市场的分类见表 1-4。

表1-4

分类标志	类型	含义
期限	货币市场	又称短期金融市场，是指以期限在1年以内的金融工具为媒介，进行短期资金融通的市场
	资本市场	又称长期金融市场，是指以期限在1年以上的金融工具为媒介，进行长期资金交易的市场
功能	发行市场	又称一级市场，主要处理金融工具的发行和与最初购买者之间的交易
	流通市场	又称二级市场，主要处理现有金融工具转让和变现的交易
融资对象	资本市场	以货币和资本为交易对象
	外汇市场	以各种外汇金融工具为交易对象
	黄金市场	集中进行黄金买卖和金币兑换的交易市场

（三）利率

利率也称利息率，是资金的增值额同投入资金价值的比率，是衡量资金增值程度的量化指标。从资金的借贷关系看，利率是一定时期运用资金这一资源的交易价格。

1. 利率的类型

利率可按照不同的标准进行分类：

（1）按利率之间的变动关系，分为基准利率和套算利率。

（2）按债权人取得的报酬情况，分为实际利率和名义利率。

（3）按利率与市场资金供求情况的关系，分为固定利率和浮动利率。

（4）按利率变动与市场的关系，分为市场利率和法定利率。

2. 利率的一般计算公式

资金的利率通常由三部分组成：纯利率，通货膨胀补偿率（或称通货膨胀贴水），风险报酬率。利率的一般计算公式可表示如下：

$$利率 = 纯利率 + 通货膨胀补偿率 + 风险报酬率$$

纯利率是指没有风险和通货膨胀情况下的资金供求均衡点利率；通货膨胀补偿率是指由于持续的通货膨胀会不断降低货币的实际购买力，为补偿其购买力损失而要求提高的利率；风险报酬率又分为违约风险报酬率、流动性风险报酬率和期限风险报酬率三种。

四、法律环境

市场经济是法制经济，企业的一切经济活动总是在一定法律规范内进行的。法律既约束企业的非法经济行为，也为企业从事各种合法经济活动提供保护。

影响筹资的主要法规：公司法、证券法、金融法、证券交易法、合同法等规范和制约企业筹资活动的法规。

影响投资的主要法规：证券交易法、公司法、企业财务通则等规范企业投资活动的法规。

影响收益分配的主要法规：税法、公司法、企业财务通则等规范企业收益分配活动的法规。

【典型题例分析】

一、单项选择题

1. 以每股利润最大化作为财务管理目标，其优点是（　　）。

A. 考虑了资金的时间价值　　　　　　B. 考虑了投资的风险价值

C. 有利于企业克服短期行为　　　　　D. 反映了投入资本与收益的对比关系

【答案】D

【解析】以每股利润最大化作为财务管理目标，其缺点是：①未考虑资金的时间价值；②未考虑风险；③带有短期行为的倾向；④反映了投入资本与收益的对比关系。

2. 在下列各项中，不属于企业财务管理的金融环境内容的是（　　）。

A. 金融市场　　　　　　　　　　　　B. 金融机构

C. 金融工具　　　　　　　　　　　　D. 企业财务通则

【答案】D

【解析】影响企业财务管理的主要金融环境因素有金融机构、金融工具、金融市场。企业财务通则属于企业财务管理环境中法律环境的内容。

3. 协调经营者和所有者的利益冲突的方式是解聘、接收、激励（股票期权和绩效股），其中，解聘是通过（　　）约束经营者的办法。

A. 债务人　　　　B. 监督者　　　　C. 所有者　　　　D. 市场

【答案】C

【解析】经营者和所有者的主要利益冲突，是经营者希望在创造财富的同时，能够获取更多的报酬；而所有者希望以较小的代价实现更多的财富。协调这一利益冲突的方式是解聘、接收、激励（股票期权和绩效股），其中解聘是一种通过所有者约束经营者的方法，接收是一种通过市场约束经营者的方法。

二、多项选择题

1. 下列各项中，属于企业筹资引起的财务活动有（　　　　）。

A. 偿还借款　　　　　　　　　　　　B. 购买国库券

C. 支付股票股利　　　　　　　　　　D. 利用商业信用

【答案】ACD

【解析】购买国库券属于企业投资引起的财务活动；偿还借款、支付股票股利和利用商业信用等均属于筹资引起的财务活动。

2. 相关者利益最大化目标的具体内容包括（　　　　）。

　　A. 强调风险与报酬的均衡，将风险控制在企业可以承受的范围内

　　B. 强调股东的首要地位，并强调企业与股东之间的协调关系

　　C. 不断加强与债权人的关系，培养可靠的资金供应者

　　D. 加强与供应商的协作

【答案】ABCD

【解析】相关者利益最大化目标的具体内容包括：

　　（1）强调风险与报酬的均衡，将风险控制在企业可以承受的范围内；

　　（2）强调股东的首要地位，并强调企业与股东之间的协调关系；

　　（3）强调对代理人即企业经营者的监督和控制，建立有效的激励机制以便企业战略目标的顺利实施；

　　（4）关心本企业一般职工的利益，创造优美和谐的工作环境和合理恰当的福利待遇，培养职工长期努力地为企业工作；

　　（5）不断加强与债权人的关系，培养可靠的资金供应者；

　　（6）关心客户的长期利益，以便保持销售收入的长期稳定增长；

　　（7）加强与供应商的协作，共同面对市场竞争，并注重企业形象的宣传，遵守承诺，讲究信誉；

　　（8）保持与政府部门的良好关系。

3. 债权人与所有者的利益冲突表现之一是未经债权人同意，所有者要求经营者（　　　　）。

　　A. 向低风险企业投资　　　　　　　　B. 改善经营环境

　　C. 改变资金的原定用途　　　　　　　D. 举借新债

【答案】CD

【解析】债权人与所有者的利益冲突表现在，所有者要求经营者：

　　（1）改变举债资金的原定用途，投资于风险更高的项目；

　　（2）未经债权人同意，举借新债使原有债权的价值降低。

三、判断题

1. 财务管理环境是指对企业财务活动和财务管理产生影响作用的企业各种外部条件的统称。（　　　）

【答案】×

【解析】财务管理环境又称理财环境，是指对企业财务活动和财务管理产生影响作用的企业内外部各种条件的统称。

2. 经营者和所有者的主要利益冲突是经营者希望在创造财富的同时，能够获取更多的报酬；而所有者希望以较小的代价实现更多的财富。协调这一利益冲突的方式是解聘、股票期权和绩效股。（　　　）

【答案】×

【解析】经营者和所有者的主要利益冲突，是经营者希望在创造财富的同时，能够获取更多的报酬；而所有者希望以较小的代价实现更多的财富。协调这一利益冲突的方式是解

聘、接收、激励（股票期权和绩效股）。

【职业能力训练】

一、单项选择题

1. 企业与政府间的财务关系体现为（　　）。
   A. 债权债务关系　　　　　　　　B. 强制和无偿的分配关系
   C. 资金结算关系　　　　　　　　D. 风险收益对等关系
2. 作为企业财务目标，每股利润最大化较之利润最大化的优点在于（　　）。
   A. 考虑了资金时间价值因素
   B. 反映了创造利润与投入资本的关系
   C. 考虑了风险因素
   D. 能够避免企业的短期行为
3. 依照利率之间的变动关系，利率可分为（　　）。
   A. 固定利率和浮动利率　　　　　B. 市场利率和法定利率
   C. 名义利率和实际利率　　　　　D. 基准利率和套算利率
4. 下列不属于财务管理环节的是（　　）。
   A. 财务预算　　　B. 财务报告　　　C. 财务决策　　　D. 财务考核
5. 在下列各项中，能够反映上市公司价值最大化目标实现程度的最佳指标是（　　）。
   A. 总资产报酬率　　B. 净资产收益率　　C. 每股市价　　D. 每股利润
6. 在没有通货膨胀的条件下，纯利率是指（　　）。
   A. 投资期望收益率　　　　　　　B. 银行贷款基准利率
   C. 社会实际平均收益率　　　　　D. 没有风险的资金供求均衡点利率
7. 下列各项中，不能协调所有者与债权人之间矛盾的方式是（　　）。
   A. 市场对公司强行接收或吞并　　B. 债权人通过合同实施限制性借款
   C. 债权人停止借款　　　　　　　D. 债权人收回借款
8. 在财务管理中，企业将所筹集到的资金投入使用的过程被称为（　　）。
   A. 广义投资　　　B. 狭义投资　　　C. 对外投资　　　D. 间接投资
9. 假定甲公司向乙公司赊销产品，并持有丙公司债券和丁公司的股票，且向戊公司支付公司债利息。假定不考虑其他条件，从甲公司的角度看，下列各项中属于本企业与债权人之间财务关系的是（　　）。
   A. 甲公司与乙公司之间的关系　　B. 甲公司与丙公司之间的关系
   C. 甲公司与丁公司之间的关系　　D. 甲公司与戊公司之间的关系
10. 根据财务管理理论，企业在生产经营活动过程中客观存在的资金运动及其所体现的经济利益关系被称为（　　）。
    A. 企业财务管理　　　　　　　　B. 企业财务活动

C. 企业财务关系　　　　　　　　D. 企业财务

11. 下列各项中，从甲公司的角度看，能够形成"本企业与债务人之间财务关系"的业务是（　　）。
    A. 甲公司购买乙公司发行的债券　　B. 甲公司归还所欠丙公司的货款
    C. 甲公司从丁公司赊购产品　　　　D. 甲公司向戊公司支付利息

12. 在下列各种观点中，既能够考虑资金的时间价值和投资风险，又有利于克服管理上的片面性和短期行为的财务管理目标是（　　）。
    A. 利润最大化　　　　　　　　　　B. 企业价值最大化
    C. 每股收益最大化　　　　　　　　D. 资本利润率最大化

13. 下列各项企业财务管理目标中，能够同时考虑资金的时间价值和投资风险因素的是（　　）。
    A. 产值最大化　　　　　　　　　　B. 利润最大化
    C. 每股收益最大化　　　　　　　　D. 企业价值最大化

14. 企业实施了一项狭义的"资金分配"活动，由此而形成的财务关系是（　　）。
    A. 企业与投资者之间的财务关系　　B. 企业与受资者之间的财务关系
    C. 企业与债权人之间的财务关系　　D. 企业与供应商之间的财务关系

15. 下列各项中，能够用于协调企业所有者与企业债权人矛盾的方法是（　　）。
    A. 解聘　　　　B. 接收　　　　C. 激励　　　　D. 停止借款

16. 某公司董事会召开公司战略发展讨论会，拟将企业价值最大化作为财务管理目标，下列理由中，难以成立的是（　　）。
    A. 有利于规避企业短期行为　　　　B. 有利于量化考核和评价
    C. 有利于持续提升企业获利能力　　D. 有利于均衡风险与报酬的关系

17. 某上市公司针对经常出现中小股东质询管理层的情况，拟采取措施协调所有者与经营者的矛盾。下列各项中，不能实现上述目的的是（　　）。
    A. 强化内部人控制　　　　　　　　B. 解聘总经理
    C. 加强对经营者的监督　　　　　　D. 将经营者的报酬与其绩效挂钩

18. 下列应对通货膨胀风险的各种策略中，不正确的是（　　）。
    A. 进行长期投资　　　　　　　　　B. 签订长期购货合同
    C. 取得长期借款　　　　　　　　　D. 签订长期销货合同

19. 下列各项中，符合企业相关者利益最大化财务管理目标要求的是（　　）。
    A. 强调股东的首要地位　　　　　　B. 强调债权人的首要地位
    C. 强调员工的首要地位　　　　　　D. 强调经营者的首要地位

20. 下列财务管理环境中，随之得到改善的是（　　）。
    A. 经济环境　　　B. 金融环境　　　C. 市场环境　　　D. 技术环境

二、多项选择题

1. 财务管理是（　　　　）的一项经济管理工作。

A. 组织企业财务活动 B. 组织购销活动

C. 处理财务关系 D. 进行人力资源管理

2. 在下列经济活动中，不能体现企业与投资者之间财务关系的是（　　　　）。

A. 企业向职工支付工资

B. 企业向其他企业支付货款

C. 企业向国家税务机关缴纳税款

D. 国有企业向国有资产投资公司支付股利

3. 为确保企业财务目标的实现，下列各项中，可用于协调所有者与经营者矛盾的措施有（　　　　）。

A. 所有者解聘经营者 B. 所有者向企业派遣财务总监

C. 公司被其他公司接收或吞并 D. 所有者给经营者以"股票选择权"

4. 在下列各项中，属于企业财务管理的金融环境内容的有（　　　　）。

A. 利息率 B. 公司法 C. 金融工具 D. 税收法规

5. 企业财务管理的基本内容包括（　　　　）。

A. 筹资管理 B. 投资管理

C. 利润分配管理 D. 经营管理

6. 在下列各项中，属于财务管理经济环境构成要素的有（　　　　）。

A. 经济周期 B. 经济发展水平

C. 宏观经济政策 D. 公司治理结构

7. 风险报酬率包括（　　　　）。

A. 违约风险报酬率 B. 流动性风险报酬率

C. 期限风险报酬率 D. 通货膨胀补偿率

8. 以"企业价值最大化"作为财务管理目标的优点有（　　　　）。

A. 有利于社会资源的合理配置

B. 有助于精确估算非上市公司价值

C. 反映了对企业资产保值增值的要求

D. 有利于克服管理上的片面性和短期行为

9. 金融市场对企业财务活动的影响，主要表现在（　　　　）。

A. 金融市场是企业投资和筹资的场所

B. 企业通过金融市场使长短期资金相互转化

C. 金融市场为企业理财提供有意义的信息

D. 企业是金融市场的主体

10. 在不存在任何关联方交易的前提下，下列各项中，无法直接由企业资金营运活动形成的财务关系有（　　　　）。

A. 企业与投资者之间的关系 B. 企业与受资者之间的关系

C. 企业与政府之间的关系 D. 企业与职工之间的关系

11. 影响企业外部财务环境的因素有多种，其中最主要的有（　　　　）。

A. 经济环境 B. 商业环境

C. 法律环境　　　　　　　　　　　　D. 金融市场环境

12. 债权人为了防止其利益不受伤害，可以采取保护措施，如（　　　　）。

A. 取得立法保护，如优先于股东分配剩余财产

B. 在借款合同中规定资金的用途

C. 拒绝提供新的借款

D. 提前收回借款

13. 在某公司财务目标研讨会上，张经理主张"贯彻合作共赢的价值理念，做大企业的财富蛋糕"；李经理认为"既然企业的绩效按年度考核，财务目标就应当集中体现当年利润指标"；王经理提出"应将企业长期稳定的发展放在首位，以便创造更多的价值"。上述观点涉及的财务管理目标有（　　　　）。

A. 利润最大化　　　　　　　　　　　B. 企业规模最大化

C. 企业价值最大化　　　　　　　　　D. 相关者利益最大化

14. 利润最大化的缺陷有（　　　　）。

A. 没有考虑资金时间价值

B. 没有反映创造利润与投入资本的关系

C. 没有考虑风险因素

D. 可能导致企业短期行为

15. 所有者通过经营者损害债权人利益的常见形式是（　　　　）。

A. 未经债权人同意发行新债券

B. 未经债权人同意举借新债

C. 投资于比债权人预计风险要高的新项目

D. 不尽力增加企业价值

16. 企业价值最大化在运用时也存在着缺陷，表现在（　　　　）。

A. 追求企业价值最大化，不能使企业资产保值与增值

B. 非上市企业的价值确定难度较大

C. 股票价格的变动只受企业经营因素影响

D. 股票价格的变动，除受企业经营因素影响外，还受其他企业无法控制因素的影响

17. 下列项目中，属于财务管理的基本环节的是（　　　　）。

A. 财务预测　　　B. 财务决策　　　C. 财务控制　　　D. 资金循环

18. 下列各项中，属于利率的组成因素的有（　　　　）。

A. 纯利率　　　　　　　　　　　　　B. 通货膨胀补偿率

C. 风险报酬率　　　　　　　　　　　D. 社会累积率

19. 下列属于资金营运管理的是（　　　　）。

A. 短期借款　　　　　　　　　　　　B. 支付工资

C. 缴纳税款　　　　　　　　　　　　D. 购买低值易耗品

20. 税收会影响到企业的（　　　　）。

A. 筹资活动　　　B. 投资活动　　　C. 现金流量　　　D. 企业利润

三、判断题

（　　）1. 从资金的借贷关系看，利率是一定时期运用资金的交易价格。

（　　）2. 民营企业与政府之间的财务关系体现为一种投资与受资关系。

（　　）3. 财务管理环境是指对企业财务活动和财务管理产生影响作用的企业各种外部条件的统称。

（　　）4. 企业与政府之间的财务关系体现为投资与受资的关系。

（　　）5. 根据财务管理的理论，必要投资收益等于期望投资收益、无风险收益和风险收益之和。

（　　）6. 企业财务管理基于企业再生产过程中客观存在的资金运动而产生，是企业资金筹集与运用的一项经济管理工作。

（　　）7. 财务控制是指按照一定的程序与方法，确保企业及其内部机构和人员全面落实和实现财务预算的过程。

（　　）8. 在企业财务关系中最为重要的关系是指企业与作为社会管理者的政府有关部门、社会公众之间的关系。

（　　）9. 企业财务管理部门负责企业预算的编制、执行、分析和考核工作，并对预算执行结果承担直接责任。

（　　）10. 在经济衰退初期，公司一般应当出售多余设备，停止长期采购。

（　　）11. 解聘是所有者约束经营者的唯一办法。

（　　）12. 就上市公司而言，将股东财富最大化作为财务管理目标的缺点之一是不容易被量化。

（　　）13. 企业组织财务活动中与有关各方所发生的经济利益关系称为财务关系，但不包括企业与职工之间的关系。

（　　）14. 股票市价是一个能够较好地反映企业价值最大化目标实现程度的指标。

（　　）15. 以融资对象为划分标准，可将金融市场分为资本市场、外汇市场和黄金市场。

（　　）16. 为了防范通货膨胀风险，公司应当签订固定价格的长期销售合同。

（　　）17. 企业财务管理部门应当利用报表监控预算执行情况，及时提供预算执行进度、执行差异信息。

（　　）18. 经济危机时期，由于企业经营环境恶化、销售下降，企业应当逐步降低债务水平，以减少破产风险。

（　　）19. 以每股利润最大化作为财务管理的目标，考虑了资金的时间价值但没有考虑投资的风险价值。

（　　）20. 企业财务活动的内容也是企业财务管理的基本内容。

四、业务分析题

业务分析题一

（一）目的：了解公司财务管理的内容。

（二）资料：

陈强是一名高职院校财务管理专业的应届毕业生，他按照学校的要求到一家公司进行毕业顶岗实习。这家公司生产汽车电子元器件，近年来规模迅速扩张，但是老板是从事技术出身，对经营管理不太了解，因此，他希望陈强能够充分利用所学的专业知识，帮助公司解决目前存在的财务问题。陈强决定不辜负老板对他的信任，帮助老板搞好财务管理工作。陈强深入企业一线，经过两个星期的调查和了解，发现公司存在以下主要问题：第一，公司没有财务预算和现金收支计划，资金周转困难时就向银行贷款解决，企业无法预计未来可能出现的现金盈亏；第二，公司员工的工作积极性不高，普遍存在"磨洋工"现象；第三，公司采购行为缺少计划和审批程序，导致某些存货积压时间过长，而某些产品则因出现缺货现象而影响了生产进度；第四，产品质量控制不严格，部分工序没有质量检验程序；第五，产品销售价格不均衡，存在不同客户不同价格的现象；第六，公司所得税税款缴纳不及时，时常要支付滞纳金。

（三）要求：

1. 请分析在上述问题中，哪些属于财务管理问题？

2. 如果你是陈强，你应该从哪些方面解决上述存在的问题？

业务分析题二

（一）目的：了解公司财务管理目标实现过程中的利益冲突及其解决办法。

（二）资料：

LT 公司自 2005 年上市之后，主业由房地产单一业务拓展到环保产业、新能源、新材料等多个领域。随着公司主营业务向高新技术行业转移，吸引和留住技术人才变得十分紧迫，靠传统的工资加奖金方式吸引和留住人才已无优势。在这种情况下，许多公司萌生了搞股票期权的想法。2018 年度 LT 公司股东大会通过了《关于实施认股权方案》的决议，授权公司董事会制定具体方案。随后，公司成立了认股权管理委员会。委员会成员中，1/3 为外部专家，2/3 为 LT 公司内部成员。委员会成员由公司董事会任命，直接受公司董事会的领导。

2019 年，LT 公司实施了认股权方案，从开始到最后，整个过程都及时进行了公开披露，是中国资本市场上披露信息较为完整的一份股权激励方案。

（三）要求：

1. 分析 LT 公司推出认股权激励方案的背景。

2. 你认为公司高级管理人员持股对公司财务管理目标有何影响？

3. 除了认股权激励方案外，你能提出解决股东利益与管理层利益冲突的其他方法吗？

业务分析题三

（一）目的：了解公司价值及其构成。

（二）资料：

某公司 2019 年 12 月 31 日流通在外的股份为 300 亿股，每股市价为 5.50 元，流通在外的债券市值为 895 亿元，其他负债的本金和应付利息之和为 415 亿元。

（三）要求：

1. 计算该公司 12 月 31 日股东权益市场价值。

2. 计算该公司 12 月 31 日债权人权益市场价值。

3. 计算该公司 12 月 31 日公司市场价值。

业务分析题四

（一）目的：了解公司财务机构设置及财务管理环节。

（二）资料：

某公司为了加强财务管理工作，专门设置了财务部，其职责规定如下：

1. 根据有关规定和财务制度权限进行各项财务管理活动，促进公司加速资金周转，节约费用支出，提高经济效益。

2. 在调研预测的基础上，当好领导参谋，认真做好财务分析工作。

3. 正确反映本公司财务收支的盈亏情况，做好记账、算账、报账工作，负责会计报表的编制工作。

4. 加强财务监督，坚持贯彻执行党和国家的有关方针、政策，严格遵守财经纪律和各项财务制度。

5. 严格执行各项现金、票据管理制度，做好工资发放工作，确保资金安全。

（三）要求：

1. 什么是财务管理？财务管理包括哪些基本内容？

2. 财务管理的一般环节是什么？

3. 该公司财务部从事的哪些活动属于财务管理工作？你对该公司的财务部工作有何建议？

业务分析题五

（一）目的：了解实际利率的构成。

（二）资料：

某公司发行面值为 1 000 元的债券，期限为 3 年，现行纯利率为 2%，通货膨胀率约为 5%，据测算该公司的违约风险报酬率约为 1.5%，流动性风险报酬率约为 0.3%，期限风险报酬率约为 1.2%。

（三）要求：

请问公司发行债券时票面利率应该为多少比较合适？

第二章
财务管理的基本观念

【本章学习目标】

1. 理解货币时间价值的含义，能够熟练计算货币时间价值；

2. 掌握货币时间价值的计算方法和运用，能够利用货币时间价值原理分析解决长期投资和融资问题；

3. 掌握风险衡量的方法，能够比较不同投资项目的风险大小，做出相应决策；

4. 了解财务风险的种类，了解投资风险与报酬的关系，能够采取不同措施降低非系统性风险。

【本章重点与难点】

1. 复利终值、复利现值、年金终值与年金现值的计算；

2. 期望值、方差、标准差、标准离差率的计算。

【知识点回顾】

第一节　资金时间价值

一、资金时间价值的含义

资金时间价值的含义、相关概念和计息方式见表2-1。

表 2-1

项目	说明
含义	一定量货币资本在不同时点上的价值量差额
表示方式	在实务中，人们习惯使用相对数字表示，即用增加的价值占投入货币的百分数来表示
相关概念	（1）终值又称将来值，是现在一定量的货币折算到未来某一时点所对应的金额，通常记作 F （2）现值，是指未来某一时点上一定量的货币折算到现在所对应的金额，通常记作 P
计息方式	（1）单利是指按照固定的本金计算利息 （2）复利是指不仅对本金计算利息，还对利息计算利息 【提示】财务估值中一般都按照复利方式计算货币的时间价值

二、终值和现值的计算

（一）复利的终值和现值

复利终值和现值的公式及相关关系见表 2-2。

表 2-2

项目	公式
复利终值	复利终值公式：$F = P \times (1+i)^n$ 其中，$(1+i)^n$ 称为复利终值系数，用符号（F/P, i, n）表示
复利现值	复利现值公式：$P = F \times 1/(1+i)^n$ 其中，$1/(1+i)^n$ 称为复利现值系数，用符号（P/F, i, n）表示
结论	（1）复利终值和复利现值互为逆运算 （2）复利终值系数 $(1+i)^n$ 和复利现值系数 $1/(1+i)^n$ 互为倒数

（二）年金终值和年金现值

年金是指间隔期相等的系列等额收付款。年金具有两个特点：一是金额相等；二是时间间隔相等。

年金的分类见图 2-1。

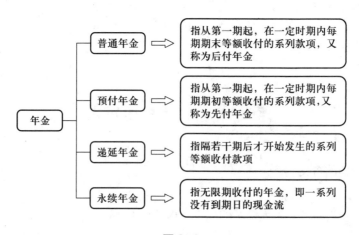

图 2-1

1. 年金终值

（1）普通年金终值：

$$F=A（F/A, i, n）$$

（2）预付年金终值：

$$F=A[（F/A, i, n+1）-1]（期数加1, 系数减1）。$$

（3）递延年金终值：

递延年金的终值计算与普通年金的终值计算一样，只是要注意期数。

$$F=A×（F/A, i, n）$$

【提示】式中"n"表示的是A的个数，与递延期无关。

2. 年金现值

（1）普通年金现值：

$$P=A×（P/A, i, n）$$

（2）预付年金现值：

$$P=A×[（P/A, i, n-1）+1]（期数减1, 系数加1）$$

（3）递延年金现值：

①$P=A×（P/A, i, n-m）×（P/F, i, m）（递延期为 m（m<n））$

②$P=A×[（P/A, i, n）-（P/A, i, m）]（m 为递延期）$

（4）永续年金的现值：指无限期等额收付的年金，无终值。

$$P=A/i$$

三、利率的计算

（一）插值法

$$i=i_1+\frac{B-B_1}{B_2-B_1}×（i_2-i_1）$$

（二）名义利率与实际利率

1. 一年多次计息时的名义利率与实际利率

实际利率：1年计息1次时的"年利息/本金"；

名义利率：1年计息多次的"年利息/本金"。

一年多次计息时名义利率与实际利率的关系如下：

$$i=（1+r/m）^m-1$$

r为名义利率，m为期数。

2. 通货膨胀情况下的名义利率与实际利率

名义利率与实际利率之间的关系为：

$$1+名义利率=（1+实际利率）×（1+通货膨胀率）$$

第二节　投资风险价值

一、投资风险价值的含义

投资者由于冒风险进行投资而获得的超过资金时间价值的额外收益，称为投资风险价值，亦称风险收益或风险报酬。

二、投资风险的分类

（一）依据个别理财主体划分
从个别理财主体的角度看，投资风险分为市场风险和公司特有风险两类。

（二）依据企业本身划分
从企业本身来看，投资风险可分为经营风险和财务风险两大类。

三、投资风险报酬

在风险反感普遍存在的情况下，诱使投资者进行风险投资的，是超过时间价值的那部分额外报酬，即投资风险报酬。

如果不考虑通货膨胀的话，投资者进行风险投资所要求或期望的投资报酬率便是无风险报酬率与风险报酬率之和。即：

$$期望投资报酬率 = 无风险报酬率 + 风险报酬率$$

四、投资风险衡量

（一）概率分布
所有可能结果出现的概率之和必定为 1；一般随机事件的概率是介于 0 与 1。

（二）期望值

$$\overline{E} = \sum_{i=1}^{n} X_i P_i$$

式中：$\overline{E}$ 为期望值；X_i 为随机事件第 i 种结果；P_i 为第 i 种结果发生的概率。

（三）离散程度
衡量风险的指标主要有收益率的方差、标准差和标准离差率等。

1. 方差（σ^2）

方差是用来表示随机变量与其期望值之间的偏离程度的一个数值。

$$\sigma^2 = \sum_{i=1}^{n} (X_i - \overline{E})^2 \cdot P_i$$

2. 标准差（σ）

标准差也叫标准离差或均方差，它等于方差的平方根。

$$\sigma=\sqrt{\sum_{i=1}^{n}(X_i-\overline{E})^2\cdot P_i}$$

3. 标准离差率（q）

标准离差率是标准差与期望值之比。

$$q=\frac{\sigma}{E}$$

方差和标准差都是绝对数，不适用于比较具有不同预期收益率的资产的风险。数值越大，风险越大。

标准离差率是一个相对指标，它表示某资产每单位预期收益中所包含的风险的大小。它可以用来比较预期收益率不同的资产之间的风险大小。

相关指标之间的关系见图 2-2。

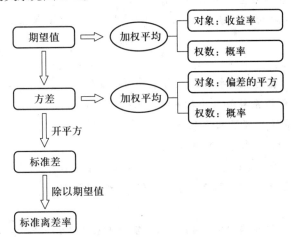

图 2-2

【典型题例分析】

一、单项选择题

1. 已知（F/A，10%，9）=13.579，（F/A，10%，11）=18.531。则期数 10 年、利率 10% 的即付年金终值系数为（　　）。

    A. 17.531　　　　　　B. 15.937　　　　　　C. 14.579　　　　　　D. 12.579

    【答案】A

    【解析】即付年金终值 ＝ 年金额 × 即付年金终值系数（普通年金终值系数期数加 1，系数减 1）＝（F/A，10%，11）-1=18.531-1=17.531。

2. 某公司 2020 年 1 月 1 日投资建设一条生产线，投资期 3 年，营业期 8 年，建成后每年净现金流量均为 500 万元。该生产线净现金流量的年金形式是（　　　）。

    A. 普通年金　　　　　B. 预付年金　　　　　C. 递延年金　　　　　D. 永续年金

【答案】C

【解析】递延年金是指从第二期或第二期以后才发生的年金，该题目符合递延年金的性质。

3. 已知（P/A,10%,10）=6.144 6，则期数 10 年、利率 10% 的预付年金现值系数为（　　　）。

    A. 6.759 1　　　　　B. 6.144 6　　　　　C. 5.579 3　　　　　D. 7.579 2

【答案】A

【解析】预付年金现值系数 = 同期普通年金现值系数 ×（1+i）=6.144 6×（1+ 10%）=6.759 1

二、多项选择题

1. 下列各项中，属于普通年金形式的项目有（　　　）。

    A. 零存整取储蓄存款的整取额　　　　B. 定期定额支付的养老金

    C. 年资本回收额　　　　D. 偿债基金

【答案】BCD

【解析】零存整取储蓄存款的整取额相当于普通年金的终值。

2. 下列关于资金时间价值系数关系的表述中，正确的有（　　　）。

    A. 普通年金现值系数 × 投资回收系数 =1

    B. 普通年金终值系数 × 偿债基金系数 =1

    C. 普通年金现值系数 ×（1+ 折现率）= 预付年金现值系数

    D. 普通年金终值系数 ×（1+ 折现率）= 预付年金终值系数

【答案】ABCD

【解析】普通年金现值系数与投资回收系数互为倒数，普通年金终值系数与偿债基金系数互为倒数，所以，选项 A、B 的说法正确；普通年金中，每次收付发生在期末，而预付年金中，每次收付发生在期初，由此可知，在其他条件相同的情况下，计算普通年金现值要比计算预付年金现值多折现一期（普通年金现值小于预付年金现值），普通年金现值系数 ×（1+ 折现率）= 预付年金现值系数，所以，选项 C 的说法正确；在其他条件相同的情况下，计算普通年金终值要比计算预付年金终值少复利一期（普通年金终值小于预付年金终值），普通年金终值系数 ×（1+ 折现率）= 预付年金终值系数，所以，选项 D 的说法正确。

3. 下列公式正确的是（　　　）。

    A. 风险收益率 = 风险价值系数 × 标准离差率

    B. 风险收益率 = 风险价值系数 × 标准离差

    C. 投资总收益率 = 无风险收益率 + 风险收益率

    D. 投资总收益率 = 无风险收益率 + 风险价值系数 × 标准离差率

【答案】ACD

【解析】风险收益率 = 风险价值系数 × 标准离差率，投资总收益率 = 无风险收益率 + 风险收益率，投资总收益率 = 无风险收益率 + 风险价值系数 × 标准离差率。

三、判断题

1. 国库券是一种几乎没有风险的有价证券，其利率可以代表资金时间价值。(　　)

【答案】×

【解析】从量的规定性来看，资金时间价值是没有风险和没有通货膨胀条件下的社会平均资金利润率。国库券是一种几乎没有风险的有价证券，在没有通货膨胀的前提下，其利率可以代表资金时间价值。

2. 递延年金有终值，终值的大小与递延期是有关的，在其他条件相同的情况下，递延期越长，则递延年金的终值越大。(　　)

【答案】×

【解析】递延年金有终值，但是终值的大小与递延期无关，递延年金的终值＝年金×$(F/A, i, n)$，其中 n 表示等额收付的次数（年金的个数），显然其大小与递延期 m 无关。

3. 采用多领域、多地域、多项目、多品种的投资以分散风险属于减少系统风险的措施。(　　)

【答案】×

【解析】采用多领域、多地域、多项目、多品种的投资以分散风险属于减少非系统风险的措施。

【职业能力训练】

一、单项选择题

1. 在普通年金现值系数的基础上期数加1、系数减1所得的结果，在数值上等于(　　)。

 A. 普通年金现值系数　　　　　　　　B. 即付年金现值系数

 C. 普通年金终值系数　　　　　　　　D. 即付年金终值系数

2. 下列各项年金中，只有现值没有终值的年金是(　　)。

 A. 普通年金　　　B. 即付年金　　　C. 永续年金　　　D. 先付年金

3. 如果两个投资项目预期收益的标准离差相同，而期望值不同，则这两个项目(　　)。

 A. 预期收益相同　　　　　　　　　　B. 标准离差率相同

 C. 预期收益不同　　　　　　　　　　D. 未来风险报酬相同

4. 已知甲方案投资收益率的期望值为15%，乙方案投资收益率的期望值为12%，两个方案都存在投资风险。比较甲、乙两方案风险大小应采用的指标是(　　)。

 A. 方差　　　　　B. 净现值　　　　C. 标准离差　　　D. 标准离差率

5. 在普通年金终值系数的基础上，期数加1、系数减1所得的结果，在数值上等于(　　)。

 A. 预付年金终值系数　　　　　　　　B. 预付年金现值系数

 C. 普通年金终值系数　　　　　　　　D. 递延年金终值系数

6. 在下列各项资金时间价值系数中，与资本回收系数互为倒数关系的是（   ）。

   A. $(P/F, i, n)$　　　B. $(P/A, i, n)$　　　C. $(F/P, i, n)$　　　D. $(F/A, i, n)$

7. 某种股票的期望收益率为10%，其标准离差为0.04，风险价值系数为30%，则该股票的风险收益率为（   ）。

   A. 40%　　　　　　B. 12%　　　　　　C. 6%　　　　　　D. 3%

8. 在投资收益不确定的情况下，按估计的各种可能收益水平及其发生概率计算的加权平均数是（   ）。

   A. 实际投资收益（率）　　　　　　　　B. 期望投资收益（率）

   C. 必要投资收益（率）　　　　　　　　D. 无风险收益（率）

9. 某企业于年初存入银行 10 000 元，假定年利息率为12%，每年复利两次。已知 $(F/P, 6\%, 5) = 1.3382$，$(F/P, 6\%, 10) = 1.7908$，$(F/P, 12\%, 5) = 1.7623$，$(F/P, 12\%, 10) = 3.1058$，则第 5 年年末的本利和为（   ）元。

   A. 13 382　　　　　B. 17 623　　　　　C. 17 908　　　　　D. 31 058

10. 在下列各项中，无法计算出确切结果的是（   ）。

    A. 后付年金终值　　　　　　　　　　B. 即付年金终值

    C. 递延年金终值　　　　　　　　　　D. 永续年金终值

11. 根据财务管理的理论，特定风险通常是（   ）。

    A. 不可分散风险　　B. 非系统风险　　C. 基本风险　　　D. 系统风险

12. 某公司从本年度起每年年末存入银行一笔固定金额的款项，若按复利制用最简便算法计算第 n 年年末可以从银行取出的本利和，则应选用的时间价值系数是（   ）。

    A. 复利终值系数　　　　　　　　　　B. 复利现值系数

    C. 普通年金终值系数　　　　　　　　D. 普通年金现值系数

13. 投资者对某项资产合理要求的最低收益率，称为（   ）。

    A. 实际收益率　　　　　　　　　　　B. 必要收益率

    C. 预期收益率　　　　　　　　　　　D. 无风险收益率

14. 某投资者选择资产的唯一标准是预期收益的大小，而不管风险状况如何，则该投资者属于（   ）。

    A. 风险爱好者　　　　　　　　　　　B. 风险回避者

    C. 风险追求者　　　　　　　　　　　D. 风险中立者

15. 某公司拟于 5 年后一次还清所欠债务 100 000 元，假定银行利息率为10%，5 年期、利率10% 的年金终值系数为 6.105 1，5 年期、利率10% 的年金现值系数为 3.790 8，则应从现在起每年年末等额存入银行的偿债基金为（   ）元。

    A. 16 379.75　　　　B. 26 379.66　　　　C. 379 080　　　　D. 610 510

16. 已经甲、乙两个方案投资收益率的期望值分别为10% 和12%，两个方案都存在投资风险，在比较甲、乙两方案风险大小时应使用的指标是（   ）。

    A. 标准离差率　　B. 标准差　　　　C. 协方差　　　　D. 方差

17. 已知 $(F/A, 10\%, 9) = 13.579$，$(F/A, 10\%, 11) = 18.531$，10 年期、利率为10% 的即付年金终值系数值为（   ）。

    A. 17.531　　　　　B. 15.937　　　　　C. 14.579　　　　　D. 12.579

18. 已知当前的国债利率为3%，某公司适用的所得税税率为25%。出于追求最大税后收益的考虑，该公司决定购买一种金融债券。该金融债券的利率至少应为（　　　）。

    A. 2.65%　　　　　B. 3%　　　　　C. 3.75%　　　　　D. 4%

19. 资金时间价值是（　　　）。

    A. 货币经过投资后所增加的价值

    B. 没有通货膨胀情况下的社会平均资金利润率

    C. 没有通货膨胀和风险条件下的社会平均资金利润率

    D. 没有通货膨胀条件下的利率

20. 一项风险资产，其投资收益率有两种可能：60%的概率获得15%的投资收益率，40%的概率获得5%的投资收益率，国库券的收益率为6%，则该风险资产的风险报酬率可以通过（　　　）方法计算。

    A. 求收益的加权平均数

    B. 选择最大的收益率作为风险收益率

    C. 收益的加权平均数加上国债收益率

    D. 收益的加权平均数减去国债收益率

二、多项选择题

1. 下列各项中，属于普通年金形式的项目有（　　　）。

    A. 零存整取储蓄存款的整取额　　　　B. 定期定额支付的养老金

    C. 年资本回收额　　　　　　　　　　D. 偿债基金

2. 下列项目中，可导致投资风险产生的原因有（　　　）。

    A. 投资成本的不确定性　　　　　　　B. 投资收益的不确定性

    C. 投资决策的失误　　　　　　　　　D. 自然灾害

3. 按年金每次收付发生的时点不同，主要有（　　　）。

    A. 普通年金　　　B. 预付年金　　　C. 递延年金　　　D. 永续年金

4. 市场风险产生的原因有（　　　）。

    A. 高利率　　　　B. 战争　　　　C. 经济衰退　　　D. 通货膨胀

5. 在下列各项中，可以直接或间接利用普通年金终值系数计算出确切结果的项目有（　　　）。

    A. 偿债基金　　　　　　　　　　　　B. 先付年金终值

    C. 永续年金现值　　　　　　　　　　D. 永续年金终值

6. 下列各项中，能够衡量风险的指标有（　　　）。

    A. 方差　　　　　B. 标准差　　　　C. 期望值　　　　D. 标准离差率

7. 递延年金的特点有（　　　）。

    A. 第一期没有支付额　　　　　　　　B. 终值大小与递延期长短有关

    C. 终值计算与普通年金相同　　　　　D. 现值计算与普通年金相同

8. 递延年金现值是自若干期后开始每期等额收付的现值之和，其计算公式为（　　　　）。

A. $P=A \cdot [(P/A, i, m+n) - (P/A, i, m)]$

B. $P=A \cdot [(P/A, i, m+n) - (P/F, i, m)]$

C. $P=A \cdot (P/A, i, n) \cdot (F/P, i, m)$

D. $P=A \cdot (F/A, i, n) \cdot (P/F, i, n)$

9. 风险和期望投资报酬率的关系是（　　　　）。

A. 期望投资报酬率 = 无风险报酬率 + 风险报酬率

B. 期望投资报酬率 = 无风险报酬率 × 风险报酬率

C. 期望投资报酬率 = 无风险报酬率 + 风险程度

D. 期望投资报酬率 = 无风险报酬率 + 风险报酬率 × 风险程度

10. 风险控制的主要方法有（　　　　）。

A. 多角经营　　　　　　　　B. 多角筹资

C. 加强成本控制　　　　　　D. 扩大市场

11. 下列属于导致企业经营风险的因素包括（　　　　）。

A. 市场销售预计下降 5% 左右　　B. 生产工人工资率可能会上涨 30%

C. 原材料价格预计下跌 5%　　　　D. 固定成本会增加 10%

12. 下列各项中，其数值等于即付年金终值系数的有（　　　　）。

A. $(P/A, i, n)(1+i)$　　　　B. $\{(P/A, i, n-1)+1\}$

C. $(F/A, i, n)(1+i)$　　　　D. $\{(F/A, i, n+1)-1\}$

13. 下列各项中，属于企业特有风险的有（　　　　）。

A. 经营风险　　B. 利率风险　　C. 财务风险　　D. 汇率风险

14. 有甲、乙两个投资方案，其投资报酬率的期望值均为 18%，甲方案标准离差率为 10%，乙方案标准离差率为 20%，则（　　　　）。

A. 甲方案标准离差率小于乙方案　　B. 甲方案风险小于乙方案

C. 甲方案风险大于乙方案　　　　　D. 甲、乙方案风险相同

15. 某公司拟购置一项房产，付款条件是：从第 7 年开始，每年年初支付 10 万元，连续支付 10 年。假设该公司的资金成本率为 10%，则相当于该公司现在一次性付款的金额可用（　　　　）公式求得。

A. $A \cdot [(P/A, i, n-m) \cdot (P/F, i, m)]$

B. $A \cdot [(P/A, i, n+m) - (P/A, i, m)]$

C. $A \cdot [(P/A, i, n+m) - (P/A, i, n)]$

D. $A \cdot [(P/A, i, m) \cdot (P/F, i, n)]$

16. 下列说法正确的是（　　　　）。

A. 方差是标准差的平方根　　　　B. 标准离差率等于方差除以期望值

C. 标准差是方差的平方根　　　　D. 标准离差率等于标准差除以期望值

17. 某公司年初购买债券 12 万元，利率 6%，单利计息，则第 4 年年底债券到期时的本利和不是（　　　　）万元。

A. 2.88　　　　B. 15.12　　　　C. 14.88　　　　D. 3.12

18. 某企业拟存入银行一笔款项，以备在五年内每年以 2 000 元的等额款项支付车辆保险费，利率 6%，该企业应存入金额是（　　　　　　）。
    A. 11 274 元
    B. 8 425 元
    C. 用复利终值系数计算
    D. 用年金现值系数计算

19. 某企业于年初存入 5 万元，在年利率为 12%、期限为 5 年、每半年复利一次的情况下，下列说法正确的是（　　　　　　）。
    A. 实际利率是 24%
    B. 每半年支付的利息是 3 000 元
    C. 实际利率是 6%
    D. 实际利率 12.25%

20. 某企业拟进行一项存在一定风险的完整工业项目投资，有甲、乙两个方案可供选择。已知甲方案净现值的期望值为 1 000 万元，标准差为 300 万元；乙方案净现值的期望值为 1 200 万元，标准差为 330 万元。下列结论中不正确的是（　　　　　　）。
    A. 甲方案优于乙方案
    B. 甲方案的风险大于乙方案
    C. 甲方案的风险小于乙方案
    D. 无法评价甲、乙方案的风险大小

三、判断题

（　　）1. 一般说来，资金时间价值是指没有通货膨胀条件下的投资报酬率。

（　　）2. 利率与货币时间价值率一样，一般包括三部分：纯利率、通货膨胀补偿率及风险收益率。

（　　）3. 第一笔现金流量不是发生在初始时的普通年金，都属于递延年金。

（　　）4. 国库券是一种几乎没有风险的有价证券，其利率可以代表资金时间价值。

（　　）5. 资金成本是投资人对投入资金所要求的最低收益率，也可作为判断投资项目是否可行的取舍标准。

（　　）6. 普通年金现值是一系列复利现值之和。

（　　）7. 风险总是和收益并存，因此高风险的投资项目一定会带来高收益。

（　　）8. 人们在进行财务决策时，之所以选择低风险的方案，是因为低风险会带来高收益，而高风险的方案则往往收益偏低。

（　　）9. 市场风险是指市场收益率整体变化所引起的市场上所有资产的收益率的变动性，它是影响所有资产的风险，因而不能被分散掉。

（　　）10. 在有关资金时间价值指标的计算过程中，普通年金现值与普通年金终值是互为逆运算的关系。

（　　）11. 根据财务管理的理论，必要投资收益等于期望投资收益、无风险收益和风险收益之和。

（　　）12. 在单利情况下，除年金计算利息外，每经过一个计息期所得到的利息也要计算利息，逐期滚算。

（　　）13. 若年复利期数大于 1，则实际利率大于名义利率。

（　　）14. 风险收益率等于风险价值系数乘以标准差。

（　　）15. 随着折现率的提高，未来某一款项的现值将逐渐增加。

（　　）16. 方差和标准差作为绝对数，只适用于期望值相同的决策方案风险程度的比较。

（　　）17. 当风险所造成的损失不能由该项目可能获得的收益抵消时，应当放弃该项投资。

（　　）18. 对于多个投资方案而言，无论各方案的期望值是否相同，标准离差率最大的方案一定是风险最大的方案。

（　　）19. 递延年金终值的大小与递延期无关，所以计算方法和普通年金终值的计算方法相同。

（　　）20. 其他条件不变的情况下，企业财务风险大，投资者要求的预期报酬率就高，企业筹资的资本成本相应就大。

四、业务分析题

业务分析题一

（一）目的：掌握复利终值、实际利率的计算。

（二）资料：

1. 某人将 10 000 元现金存入银行，若年利率为 7%，一年复利一次，8 年后的复利终值是多少？

2. 甲银行的复利率为 8%，每季度复利一次，则其实际利率是多少？

3. 某人准备存入银行一笔钱，以便在以后的 10 年中每年年底得到 20 000 元，若银行存款利率为 5%，计算该人目前应存入银行多少钱？

（三）要求：

计算以上各项指标。

业务分析题二

（一）目的：利用货币时间价值原理进行投资决策。

（二）资料：

有两个投资额相等的项目可供选择，投资获利的有效期均为 10 年。第一个项目 10 年内每年年末可回收投资 20 000 元；第二个项目前 5 年每年年末回收 25 000 元，后 5 年每年年末回收 15 000 元。假设银行利率为 10%。

（三）要求：

请通过计算分析回答哪一个项目获利大。

业务分析题三

（一）目的：掌握先付年金终值与现值的计算。

（二）资料：

某企业拟采用融资租赁方式于 2020 年 1 月 1 日从租赁公司租入一台设备，设备款为 50 000 元，租期为 5 年，到期后设备归企业所有。双方商定，如果采取后付等额租金方式付款，则折现率为 16%；如果采取先付等额租金方式付款，则折现率为 14%。企业的资金成本率为 10%。部分资金时间价值系数见表 2-3。

表 2-3

t	10%	14%	16%
（F/A, ?, 4）	4.641 0	4.921 1	5.066 5
（P/A, ?, 4）	3.169 9	2.913 7	2.798 2
（F/A, ?, 5）	6.105 1	6.610 1	6.877 1
（P/A, ?, 5）	3.790 8	3.433 1	3.274 3
（F/A, ?, 6）	7.715 6	8.535 5	8.977 5
（P/A, ?, 6）	4.353 3	3.888 7	3.684 7

（三）要求：

1. 计算后付等额租金方式下的每年等额租金额。

2. 计算后付等额租金方式下的 5 年租金终值。

3. 计算先付等额租金方式下的每年等额租金额。

4. 计算先付等额租金方式下的 5 年租金终值。

5. 比较上述两种租金支付方式下的终值大小，说明哪种租金支付方式对企业更为有利。

业务分析题四

（一）目的：掌握货币时间价值计算。

（二）资料：

1. 华天公司 2019 年 1 月 1 日向安全信托投资公司融资租赁一台万能机床，双方在租赁协议中指出：租期截止到 2024 年 12 月 31 日；年租金 5 600 元，于每年年末支付一次；安全信托投资公司要求的利息及手续费率为 5%。

2. 华天公司 2019 年 8 月在安徽某大学设立 "华天奖学金"。奖励计划为：每年特等奖 1 名，金额为 10 000 元；一等奖 2 名，每名金额 5 000 元；二等奖 3 名，每名金额 3 000 元；三等奖 4 名，每名金额 1 000 元。目前银行存款年利率为 4%，并预测短期内不会发生变动。

3. 华天公司 2019 年 1 月 1 日向工商银行华安分行借入一笔款项，银行贷款年利率为 6%，同时华天公司与该银行约定：前三年不用还本付息，但从 2022 年 12 月 31 日起至 2026 年 12 月 31 日止，每年年末要偿还本息 20 000 元。

（三）要求：

1. 根据资料 1，计算系列租金的现值和终值；如果年租金改为每年年初支付一次，再计算系列租金的现值和终值。

2. 根据资料 2，分析华天公司为设立此项奖学金应一次性存入银行多少钱。

3. 根据资料 3，分析华天公司当初应向工商银行华安分行借入多少本金，至 2026 年 12 月 31 日，华天公司应向工商银行华安分行偿还多少本息？

业务分析题五

（一）目的：掌握风险价值计算，并作出相应决策。

（二）资料：

某企业准备投资开发新产品，资料见表 2-4。

表 2-4

市场状况	概率	预计年报酬率（%）		
		A 产品	B 产品	C 产品
繁荣	0.3	30	40	50
一般	0.5	15	15	15
较差	0.2	0	-15	-30

（三）要求：

计算投资开发各种新产品的风险大小，并进行比较。

第三章
筹资管理

【本章学习目标】

1. 了解筹资与筹资管理的意义；熟悉筹资的类型，能够比较不同筹资方式的优劣势；
2. 掌握销售百分比法和资金习性预测法；
3. 掌握各种权益资金筹集的方式、条件、优缺点，结合具体企业的特点选择最佳的筹资方案；
4. 掌握各种债务资金筹集的方式、条件、优缺点，结合具体企业的特点选择最佳的筹资方案。

【本章重点与难点】

1. 筹资类型，筹资渠道，筹资方式；
2. 销售百分比法、资金习性预测法；
3. 权益资金筹资的优劣势，吸收直接投资、普通股筹资、优先股筹资和留存收益筹资；
4. 债务筹资的优劣势，短期借款、长期借款、商业信用、融资租赁。

【知识点回顾】

第一节　企业筹资概述

一、企业筹资的含义与分类

（一）筹资的含义

筹资是指企业为了满足其经营活动、投资活动、资本结构管理和其他需要，运用一定的筹资方式，通过一定的筹资渠道，筹措和获取所需资金的一种财务行为。

（二）筹资的分类

筹资的分类见表 3-1。

表 3-1

分类标志	类型	举例
（1）按企业所取得资金的权益特性不同	股权筹资	吸收直接投资、发行股票、利用留存收益
	债务筹资	发行债券、借款、融资租赁、赊购商品或服务等方式取得的资金（商业信用）
	混合筹资	可转换债券、认股权证
（2）按是否以金融机构为媒介	直接筹资	发行股票、发行债券、吸收直接投资
	间接筹资	银行借款、融资租赁等
（3）按资金的来源范围不同	内部筹资	利用留存收益
	外部筹资	吸收直接投资、发行股票、发行债券、向银行借款、融资租赁、利用商业信用
（4）按所筹集资金的使用期限不同	长期筹资	吸收直接投资、发行股票、发行债券、取得长期借款、融资租赁
	短期筹资	商业信用、短期借款、保理业务

二、筹资渠道与方式

（一）筹资渠道

我国企业目前筹集资金的渠道主要包括：国家财政资金、银行信贷资金、非银行金融机构资金、其他企业资金、居民个人资金、企业自留资金。

（二）筹资方式

我国企业目前筹资的方式如图 3-1 所示。

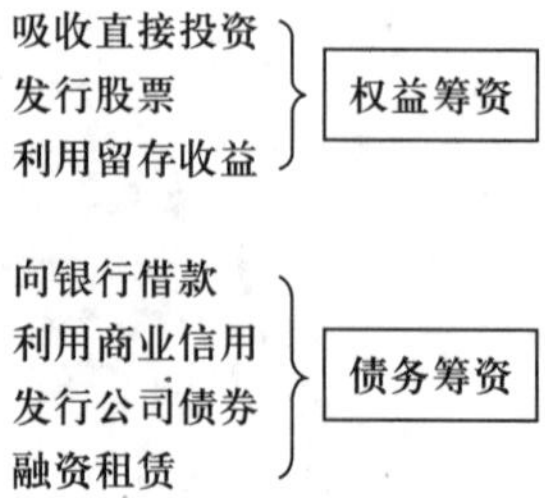

吸收直接投资
发行股票　　　　权益筹资
利用留存收益

向银行借款
利用商业信用　债务筹资
发行公司债券
融资租赁

图 3-1　筹资方式

三、筹资原则

企业筹资是一项重要而复杂的工作，为了有效地筹集企业所需资金，必须遵循以下基本原则：筹措合法、规模适当、取得及时、来源经济、结构合理。

第二节　资金需要量预测

资金需求量预测方法见图 3-2。

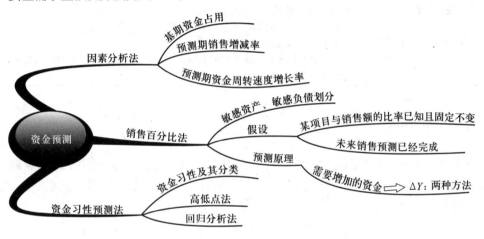

图 3-2　资金需要量预测方法

一、因素分析法

因素分析法的含义、计算公式、特点及适用范围见表 3-2。

表 3-2

项目	内容
含义	又称分析调整法，是以有关项目基期年度的平均资金需要量为基础，根据预测年度的生产经营任务和资金周转加速的要求，进行分析调整，来预测资金需要量的一种方法
计算公式	资金需要量 =（基期资金平均占用额 - 不合理资金占用额）×（1± 预测期销售增减率）×（1± 预测期资金周转速度变动率）
特点	计算简便，容易掌握，但预测结果不太精确
适用范围	适用于品种繁多、规格复杂、资金用量较小的项目

二、销售百分比法

销售百分比法的原理、计算步骤及相关公式见表 3-3。

表 3-3

项目	内容
原理	假设某些资产和负债与销售额存在稳定的百分比关系，根据销售与资产的比例关系预计资产额，根据资产额预计相应的负债和所有者权益，进而确定筹资需求量
基本步骤	（1）将资产负债表项目划分为变动项目和不变项目 （2）计算基年各变动项目销售百分比 （3）计算外部融资额
公式	某变动项目销售百分比 = 该项目金额 / 销售额 ×100% 资产销售百分比 = 各资产类变动项目销售百分比之和 = 资产类变动项目总金额 / 销售额 ×100% 自发性负债销售百分比 = 各负债类变动项目销售百分比之和 = 负债类变动项目总金额 / 销售额 ×100% 外部融资额 = Δ 资产 − Δ 自发性负债 − Δ 留存收益 = 资产销售百分比 × 新增销售额 − 自发性负债销售百分比 × 新增销售额 − 预计销售额 × 销售净利率 × 利润留存率

三、资金习性预测法

资金习性预测法就是根据历史上企业资金占用总额与产销量之间的关系，把资金划分为不变资金、变动资金和半变动资金三部分，然后结合预计的销售量来预测资金需求量。其基本预测模型为：

$$Y=a+bX$$

（一）资金习性

资金习性是指资金的变动同产销量变动之间的依存关系，见图 3-3。

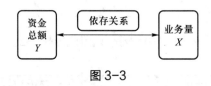

图 3-3

（二）资金分类

资金分类见图 3-4。

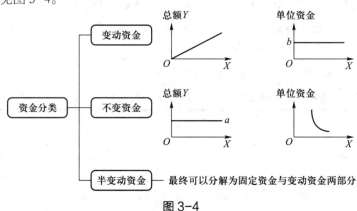

图 3-4

资金分类、特点及相关例子见表 3-4。

表 3-4

分类	特点	举例
不变资金	在一定范围内与产销量无关。$y=a$	为维持营业而占用的最低数额的现金，原材料的保险储备，必要的成品储备，厂房、机器设备等固定资产占用的资金
变动资金	在一定范围内与产销量成正比例。$y=bx$	直接构成产品实体的原材料、外购件占用的资金；在最低储备以外的现金、存货、应收账款等
半变动资金	随产销量变动而变动，但不成正比例变动。$y=a+bx$	辅助材料上占用的资金

（三）总资金直线方程

$$Y=a+bX$$

（四）估计参数 a 和 b 的方法

参数 a、b 可以根据资金占用总额与产销量的关系预测，也可以采用逐项分析法预测。

1. 高低点法

高低点法下，首先要选择业务量最高、最低的两点资料，然后按以下基本公式计算：

$$b=\frac{\text{最高业务量期的资金占用}-\text{最低业务量期的资金占用}}{\text{最高业务量}-\text{最低业务量}}$$

$$a=\text{最高业务量期的资金占用}-b\cdot\text{最高业务量}$$

$$\text{或：}=\text{最低业务量期的资金占用}-b\cdot\text{最低业务量}$$

2. 回归直线分析法

回归直线分析法的基本公式如下：

$$a=\frac{\sum x_i^2\sum y_i-\sum x_i\sum x_i y_i}{n\sum x_i^2-(\sum x_i)^2}$$

$$b=\frac{n\sum x_i y_i-\sum x_i\sum y_i}{n\sum x_i^2-(\sum x_i)^2}\quad\text{或：}\quad b=\frac{\sum y_i-na}{\sum x_i}$$

式中，y_i 为第 i 期的资金占用量；x_i 为第 i 期的产销量。

$$\begin{cases}\sum y=na+b\sum x\\\sum xy=a\sum x+b\sum x^2\end{cases}$$

第三节　负债资金筹集

负债筹资主要是企业通过向银行借款、向社会发行公司债券、融资租赁以及赊购商品或劳务等方式筹集和取得资金。债务筹资的基本形式有向银行借款、发行债券、融资租赁和商业信用。

负债资金筹集的基本形式见表 3-5。

表 3-5

方式	优点		缺点	
银行借款	资金成本较低	（1）筹资速度快 （2）借款弹性好	（1）财务风险较大 （2）限制条件较多	筹资数额有限
发行公司债券		（1）可以发挥财务杠杆作用 （2）保证控制权		
利用商业信用	（1）筹资便利 （2）限制条件少		（1）一般期限较短 （2）若放弃现金折扣则会付出较高的资金成本	
融资租赁		（1）设备淘汰风险小 （2）财务风险小 （3）税收负担轻	资金成本较高	

第四节　权益资金筹集

权益资金筹集的基本形式见表 3-6。

表 3-6

方式	优点	缺点
吸收直接投资	（1）能够尽快形成生产能力 （2）容易进行信息沟通 （3）吸收投资的手续相对比较简便，筹资费用较低	（1）资本成本较高。相对于股票筹资来说，吸收直接投资的资本成本较高。投资者往往要求将大部分盈余作为红利分配 （2）公司控制权集中，不利于公司治理 （3）不利于产权交易。吸收投入资本由于没有证券为媒介，不利于产权交易，难以进行产权转让
发行普通股	（1）所有权与经营权相分离，分散公司控制权，有利于公司自主管理、自主经营 （2）没有固定的股息负担，资本成本较低。相对吸收直接投资来说，普通股筹资的资本成本较低 （3）能提高公司的社会声誉 （4）促进股权流通和转让	（1）筹资费用较高，手续复杂 （2）不易尽快形成生产能力。普通股筹资吸收的一般都是货币资金，还需要通过购置和建造形成生产经营能力 （3）公司控制权分散，公司容易被经理人控制。同时，流通性强的股票交易，也容易被恶意收购
留存收益	（1）不发生筹资费用 （2）维持公司的控制权分布	筹资数额有限

【提示】各种权益筹资方式特点比较（总结）见表 3-7。

表 3-7

项目	吸收直接投资	发行普通股	留存收益
生产能力形成	能够尽快形成生产能力	不易尽快形成生产能力	—
资本成本	最高（投资者往往要求将大部分盈余作为红利分配）	居中（没有固定的股息负担）	最低
筹资费用	手续相对比较简便，筹资费用较低	手续复杂，筹资费用高	没有筹资费
产权交易	不利于产权交易	促进股权流通和转让	—
公司控制权	公司控制权集中，不利于公司治理	公司控制权分散，公司容易被经理人控制	不影响
公司与投资者的沟通	公司与投资者容易进行信息沟通	公司与投资者不容易进行信息沟通	—
筹资数额	筹资数额较大	筹资数额较大	筹资数额有限

与债务筹资比，股权筹资的优缺点见表 3-8。

表 3-8

项目	内容	说明
优点	（1）股权资本是企业稳定的资本基础	股权资本没有固定的到期日，无须偿还，是企业的永久性资本，除非企业清算时才有可能予以偿还
	（2）股权资本可为企业提供良好的信誉基础	股权资本作为企业最基本的资本，代表了公司的资本实力，是企业与其他单位组织开展经营业务，进行业务活动的信誉基础
	（3）财务风险较小	股权资本不用在企业正常营运期内偿还，不存在还本付息的财务风险
缺点	（1）资本成本负担较重	股权筹资的资本成本要高于债务筹资
	（2）容易分散公司的控制权	利用股权筹资，由于引进了新的投资者或者出售了新的股票，会导致公司控制权结构的改变，分散公司的控制权
	（3）信息沟通与披露成本较高	上市公司股东众多而分散，外部投资者只能通过公司的公开信息披露了解公司状况，这就需要公司花更多的精力，有些还需要设置专门的部门，用于公司的信息披露和投资者关系管理

【典型题例分析】

一、单项选择题

1. 根据财务管理理论，按照资金来源渠道不同，可将筹资分为（ ）。
   A. 直接筹资和间接筹资　　　　　B. 内源筹资和外源筹资
   C. 权益筹资和负债筹资　　　　　D. 短期筹资和长期筹资
   【答案】C
   【解析】按照资金来源渠道不同，可将筹资分为权益筹资和负债筹资。

2.（ ）可以为企业筹集自有资金。

  A. 内部积累   B. 融资租赁   C. 发行债券   D. 向银行借款

【答案】A

【解析】企业通过发行股票、吸收直接投资、内部积累等方式筹集的资金都属于企业的所有者权益或称为自有资金；选项 BCD 为企业筹集的是借入资金。

3. 普通股和优先股筹资方式共有的缺点包括（　　　　）。

  A. 财务风险大   B. 筹资成本高

  C. 容易分散控制权   D. 筹资限制多

【答案】B

【解析】普通股筹资的缺点是：筹资成本高；容易分散控制权。优先股筹资的缺点是：筹资成本高；筹资限制多；财务负担重。二者共有的缺点是筹资成本高。

二、多项选择题

1. 相对权益资金的筹资方式而言，长期借款筹资的缺点主要有（　　　　　）。

  A. 财务风险较大   B. 资金成本较高

  C. 筹资数额有限   D. 筹资速度较慢

【答案】AC

【解析】相对权益资金的筹资方式而言，长期借款筹资的缺点主要有：①财务风险较大；②限制条款较多；③筹资数额有限。资金成本较低和筹资速度快属于长期借款筹资的优点。

2. 筹资的动机有（　　　　　）。

  A. 设立性动机   B. 扩张性动机

  C. 调整性动机   D. 混合性动机

【答案】ABCD

【解析】具体来说筹资的动机有以下几种：设立性动机；扩张性动机；调整性动机；混合性动机。

3. 股票上市的好处包括（　　　　　）。

  A. 利用股票收购其他公司   B. 利用股票可激励职员

  C. 提高公司知名度   D. 增强经理人员操作的自由度

【答案】ABC

【解析】股票上市的好处包括：有助于改善财务状况；利用股票收购其他公司；利用股票市场客观评价企业；利用股票激励职员；提高公司知名度，吸引更多顾客。股票上市的不利影响包括：使公司失去隐私权；限制经理人员操作的自由度；公开上市需要很高的费用。

三、判断题

1. 发行优先股的上市公司如不能按规定支付优先股股利，优先股股东有权要求公司破产。

  （　　　　）

【答案】×

【解析】利用优先股筹集的资金属于企业的权益资金，代表一种所有权关系，发行优先股的上市公司如不能按规定支付优先股股利，优先股股东无权要求公司破产。

2. 股票面值的主要功能是表明在有限公司中股东对每股股票所负有限责任的最高限额。（　　）

【答案】×

【解析】股票面值的主要功能是确定每股股票在公司中所占有的份额；另外还表明在有限公司中股东对每股股票所负有限责任的最高限额。

3. 企业在利用商业信用筹资时，如果企业不放弃现金折扣，则没有实际成本。（　　）

【答案】√

【解析】企业在利用商业信用筹资时，如果没有现金折扣，或企业不放弃现金折扣，则利用商业信用筹资没有实际成本。

【职业能力训练】

一、单项选择题

1. 相对于股票筹资而言，银行借款的缺点是（　　）。
   A. 筹资速度慢 　　　　　　　　　　B. 筹资成本高
   C. 筹资限制少 　　　　　　　　　　D. 财务风险大

2. 企业发行信用债券时的最重要限制条件是（　　）。
   A. 抵押条款 　　　　　　　　　　　B. 反抵押条款
   C. 流动性要求条款 　　　　　　　　D. 物资保证条款

3. 下列各项中，不属于融资租赁租金构成项目的是（　　）。
   A. 租赁设备的价款 　　　　　　　　B. 租赁期间利息
   C. 租赁手续费 　　　　　　　　　　D. 租赁设备维护费

4. 相对于负债融资方式而言，采用吸收直接投资方式筹措资金的优点是（　　）。
   A. 有利于降低资金成本 　　　　　　B. 有利于集中企业控制权
   C. 有利于降低财务风险 　　　　　　D. 有利于发挥财务杠杆作用

5. 某企业按年利率 4.5% 向银行借款 200 万元，银行要求保留 10% 的补偿性余额，则该项借款的实际利率为（　　）。
   A. 4.95% 　　　　B. 5% 　　　　C. 5.5% 　　　　D. 9.5%

6. 如果企业的资金来源全部为自有资金，且没有优先股存在，则企业财务杠杆系数（　　）。
   A. 等于 0 　　　　B. 等于 1 　　　　C. 大于 1 　　　　D. 小于 1

7. 某公司拟发行面值为 1 000 元，不计复利，5 年后一次还本付息，票面利率为 10% 的债券。已知发行时资金市场的年利率为 12%，（ P/F, 10%, 5) =0.620 9，（ P/F, 12%, 5) =0.567 4，（ P/A, 12%, 5) =3.604 8。则该公司债券的发行价格为（　　）元。

A. 851.10 　　　　　　B. 907.84 　　　　　　C. 931.35 　　　　　　D. 993.44

8. 甲公司设立于 2019 年 12 月 31 日，预计 2020 年年底投产。假定目前的证券市场属于成熟市场，根据等级筹资理论，甲公司在确定 2020 年筹资顺序时，应当优先考虑的筹资方式是（　　　）。

  A. 内部筹资 　　　　B. 发行债券 　　　　C. 增发股票 　　　　D. 向银行借款

9. 相对于发行股票而言，发行公司债券筹资的优点为（　　　）。

  A. 筹资风险小 　　B. 限制条款少 　　C. 筹资额度大 　　D. 资金成本低

10. 相对于发行债券和利用银行借款购买设备而言，通过融资租赁方式取得设备的主要缺点是（　　　）。

  A. 限制条款多 　　　　　　　　　　B. 筹资速度慢

  C. 资金成本高 　　　　　　　　　　D. 财务风险大

11. 企业在选择筹资渠道时，下列各项中需要优先考虑的因素是（　　　）。

  A. 资金成本 　　　B. 企业类型 　　C. 融资期限 　　　D. 偿还方式

12. 在下列各项中，能够引起企业自有资金增加的筹资方式是（　　　）。

  A. 吸收直接投资 　　　　　　　　　B. 发行公司债券

  C. 利用商业信用 　　　　　　　　　D. 留存收益转增资本

13. 根据财务管理理论，按照资金来源渠道不同，可将筹资分为（　　　）。

  A. 直接筹资和间接筹资 　　　　　　B. 内源筹资和外源筹资

  C. 权益筹资和负债筹资 　　　　　　D. 短期筹资和长期筹资

14. 在下列各项中，属于表外筹资事项的是（　　　）。

  A. 经营租赁 　　　　　　　　　　　B. 利用商业信用

  C. 发行认股权证 　　　　　　　　　D. 融资租赁

15. 与短期借款筹资相比，短期融资券筹资的特点是（　　　）。

  A. 筹资风险比较小 　　　　　　　　B. 筹资弹性比较大

  C. 筹资条件比较严格 　　　　　　　D. 筹资条件比较宽松

16. 某企业需要借入资金 60 万元，由于贷款银行要求将贷款金额的 20% 作为补偿性余额，故企业需要向银行申请的贷款数额为（　　　）万元。

  A. 75 　　　　　　　B. 72 　　　　　　C. 60 　　　　　　D. 50

17. 一般而言，与融资租赁筹资相比，发行债券的优点是（　　　）。

  A. 财务风险较小 　　　　　　　　　B. 限制条件较少

  C. 资本成本较低 　　　　　　　　　D. 融资速度较快

18. 下列关于短期融资券筹资的表述中，不正确的是（　　　）。

  A. 发行对象为公众投资者 　　　　　B. 发行条件比短期银行借款苛刻

  C. 筹资成本比公司债券低 　　　　　D. 一次性筹资数额比短期银行借款大

19. 在通常情况下，适宜采用较高负债比例的企业发展阶段是（　　　）。

  A. 初创阶段 　　　　　　　　　　　B. 破产清算阶段

  C. 收缩阶段 　　　　　　　　　　　D. 发展成熟阶段

20. 某企业从银行获得附有承诺的周转信贷额度为 1 000 万元，承诺费率为 0.5%，年初借入

800 万元，年底偿还，年利率为 5%。则该企业负担的承诺费是（　　　）万元。

A. 1　　　　　　　　B. 4　　　　　　　　C. 5　　　　　　　　D. 9

二、多项选择题

1. 普通股股东所拥有的权利包括（　　　）。

  A. 分享盈余权　　　　　　　　　　B. 优先认股权

  C. 转让股份权　　　　　　　　　　D. 优先分配剩余资产权

2. 根据我国有关规定，可以为发行债券提供担保的担保人应具备的条件有（　　　）。

  A. 必须是企业法人

  B. 其净资产不能低于被保证人拟发行债券的本息

  C. 近三年连续盈利，且有良好的业绩前景

  D. 不涉及改组、解散等事宜或重大诉讼事件

3. 企业在负债筹资决策中，除了考虑资金成本因素外，还需要考虑的因素有（　　　）。

  A. 财务风险　　　　B. 偿还期限　　　　C. 偿还方式　　　　D. 限制条件

4. 在计算个别资金成本时，需要考虑所得税抵减作用的筹资方式有（　　　）。

  A. 银行借款　　　　B. 长期债券　　　　C. 优先股　　　　　D. 普通股

5. 相对权益资金的筹资方式而言，长期借款筹资的缺点主要有（　　　）。

  A. 财务风险较大　　　　　　　　　B. 资金成本较高

  C. 筹资数额有限　　　　　　　　　D. 筹资速度较慢

6. 相对于普通股股东而言，优先股股东可以优先行使的权利有（　　　）。

  A. 优先认股权　　　　　　　　　　B. 优先表决权

  C. 优先分配股利权　　　　　　　　D. 优先分配剩余财产权

7. 在下列各项中，属于企业筹资动机的有（　　　）。

  A. 设立企业　　　　B. 企业扩张　　　　C. 企业收缩　　　　D. 偿还债务

8. 相对于股权融资而言，长期银行借款筹资的优点有（　　　）。

  A. 筹资风险小　　　B. 筹资速度快　　　C. 资本成本低　　　D. 筹资数额大

9. 留存收益是企业内源性股权筹资的主要方式，下列各项中，属于该种筹资方式特点的有（　　　）。

  A. 筹资数额有限　　　　　　　　　B. 不存在资本成本

  C. 不发生筹资费用　　　　　　　　D. 改变控制权结构

10. 下列各项中，属于企业筹资管理应当遵循的原则有（　　　）。

  A. 依法筹资原则　　　　　　　　　B. 负债最低原则

  C. 规模适度原则　　　　　　　　　D. 结构合理原则

11. 下列各项中，不属于商业信用筹资方式的是（　　　）。

  A. 发行短期融资券　　　　　　　　B. 应付账款筹资

  C. 短期借款　　　　　　　　　　　D. 融资租赁

12. 与银行借款相比，下列各项中属于融资租赁筹资特点的是（　　　）。

　　A. 资本成本低 　　　　　　　　　　B. 融资风险小

　　C. 融资期限长 　　　　　　　　　　D. 融资限制少

13. 下列各项中，通常会导致企业资本成本增加的是（　　　　）。

　　A. 通货膨胀加剧 　　　　　　　　　B. 投资风险上升

　　C. 经济持续过热 　　　　　　　　　D. 证券市场流动性增强

14. 留存收益筹资包括（　　　　）。

　　A. 提取盈余公积金 　　　　　　　　B. 未分配利润

　　C. 送红股 　　　　　　　　　　　　D. 资本公积

15. 普通股的资金成本较高的原因是（　　　　）。

　　A. 投资者要求有较高的投资报酬率 　B. 发行费较高

　　C. 普通股价值较高 　　　　　　　　D. 普通股股利不具有抵税作用

16. 能够被视为"自然融资"的项目有（　　　　）。

　　A. 短期借款 　　　　　　　　　　　B. 应付账款

　　C. 应付水电费 　　　　　　　　　　D. 应付债券

17. 吸收直接投资的优点有（　　　　）。

　　A. 能提高企业的信誉和借款能力 　　B. 财务风险较小

　　C. 资本成本低 　　　　　　　　　　D. 不会分散企业控制权

18. 债券的发行价格与以下因素有关（　　　　）。

　　A. 面值 　　　　　　　　　　　　　B. 公司规模

　　C. 利息和本金之和 　　　　　　　　D. 市场利率

19. 补偿性余额的约束使借款企业所受的影响有（　　　　）。

　　A. 减少了可用资金 　　　　　　　　B. 增加了筹资费用

　　C. 减少了应付利息 　　　　　　　　D. 提高了实际利率

20. 采用销售百分比法预测资金需要量时，下列项目中被视为随销售收入的变动而变动的是（　　　　）。

　　A. 现金 　　　　B. 应付账款 　　　　C. 存货 　　　　D. 公司债券

三、判断题

（　　）1. 补偿性余额的约束有助于降低银行贷款风险，但同时也减少了企业实际可动用借款额，提高了借款的实际利率。

（　　）2. 资金成本是投资人对投入资金所要求的最低收益率，也可作为判断投资项目是否可行的取舍标准。

（　　）3. 发行优先股的上市公司如不能按规定支付优先股股利，优先股股东不能要求公司破产。

（　　）4. 无面值股票的最大缺点是该股票既不能直接代表股份，也不能直接体现其实际价值。

（　　）5. 偿还到期债务是企业筹资的基本动机。

（　　）6. 拥有"不参加优先股"股权的股东只能获得固定股利，不能参与剩余利润的分配。

（　　）7. 权益资本被视为企业的永久性资本，是一种高成本、低风险的资本来源。

（　　）8. 吸收直接投资按投资主体的不同可将资本金分为国家资本金、法人资本金、个人资本金、外商资本金。

（　　）9. 从成熟的证券市场来看，企业筹资的优序模式首先是内部筹资，其次是增发股票、发行债券和可转换债券，最后是银行借款。

（　　）10. 应付账款和短期借款一般均属于敏感负债项目。

（　　）11. 吸收投资的出资者都是企业的所有者，但他们对企业并不一定具有经营管理权。

（　　）12. 债券面值应包括两个基本内容：币种和票面金额。

（　　）13. 所有者权益是企业可以使用的资本，因此所有者权益就是资本金。

（　　）14. 根据我国公司法规定，发行普通股股票可以按票面金额等价发行，也可以偏离票面金额按溢价、折价发行。

（　　）15. 补偿性余额的约束有助于降低银行贷款风险，企业借款的实际利率与名义利率相同。

（　　）16. 资本成本与资金时间价值既有联系，又有区别。

（　　）17. 留存收益是企业经营中的内部积累，这种资金不是向外界筹措的，因而它不存在资本成本。

（　　）18. 筹资渠道解决的是资金来源问题，筹资方式解决的是通过何种方式取得资金的问题，它们之间不存在对应关系。

（　　）19. 企业负债比例越高，财务风险越大，因此负债对企业总是不利的。

（　　）20. 投资风险加大会导致企业资金成本上升。

四、业务分析题

业务分析题一

（一）目的：了解企业筹资方式和目的。

（二）资料：

海马汽车制造公司是一家多种经济成分并存，具有法人资格的大型企业集团。公司现有68个生产厂家，还有物资、销售、进出口、汽车配件等9家专业公司，3个轻型汽车研究所和1所汽车工学院。公司现在急需1亿元的资金用于轿车技术改造项目。为此，总经理刘飞于2019年8月10日召开由生产副总经理张鸣、财务副总经理王军、销售副总经理林斌、某信托投资公司金融专家周天、某经济研究中心经济学家李教授、某大学财务学者黄教授组成的专家研讨会，讨论该公司筹资问题。下面摘录的是他们的发言和有关资料：

总经理刘飞首先发言："公司轿车技术改造项目经专家、学者的反复论证已于2017年被正式批准立项。这个项目的投资额预计为4亿元，生产能力为4万辆。项目改造完成后，公司的两个系列产品的各项性能可达到国际同类产品的先进水平。现在项目正在积极实施中，但目前资金不足，准备在2019年12月前筹措1亿元资金，请大家发表自己的意见，谈谈如何筹措这笔资金。"

　　生产副总经理张鸣说："目前筹集的 1 亿元资金，主要是用于投资少、效益高的技术改进项目。这些项目在两年内均能完成建设并正式投产，到时将大大提高公司的生产能力和产品质量，估计这笔投资在改造投产后三年内可完全收回。所以应发行五年期的债券筹集资金。"

　　财务副总经理王军提出了不同意见，他说："目前公司全部资金总额为 10 亿元，其中自有资金 4 亿元，借入资金 6 亿元，自有资金比率为 40%。负债比率为 60%，这种负债比率在我国处于中等水平，与世界发达国家如美国、英国等相比，负债比率已经比较高了，如果再利用债券筹集 1 亿元资金，负债比率将达到 64%，显然负债比率过高，财务风险太大。所以，不能利用债券筹资，只能靠发行普通股或优先股筹集资金。"

　　但金融专家周天却认为：目前我国资金市场不够完善，证券一级市场和二级市场许多方面还很不规范，投资者对股票投资还没有充分的认识，加之之前股市的"扩容"速度过快。因此，在目前条件下要发行 1 亿元普通股是很困难的。发行优先股还可以考虑，但根据目前的利率水平和生产情况，发行时年股息不能低于 8%，否则也无法发行。如果发行债券，因要定期付息还本，投资者的风险较小，估计以 7% 的利率便可顺利发行债券。

　　来自某经济研究中心的李教授认为："受到进口汽车关税下调的影响，国产汽车行业可能会受到冲击，销售量会受到影响。在进行筹资和投资时应考虑这一因素，不能盲目上马，否则后果将是不够理想的。"

　　公司的销售副总经理林斌认为："将来一段时期内销售量不成问题。这是因为公司生产的中档轿车和微型车，这几年来销售量情况一直很好，畅销全国各省、市、自治区，虽然有些国产汽车受进口汽车的影响滞销，但我公司的销售状况仍创历史最高水平，居全国领先地位。在近几年全国汽车行业质量评比中，我公司汽车还连续获奖。"

　　财务副总经理王军说："公司属于股份制试点企业，目前所得税税率为 25%，税后资金利润率为 10%，若这项技术改造项目上马，由于采用了先进设备，投产后预计税后资金利润率将达到 12%。"所以，他认为这一技术改造项目应付诸实施。

　　来自某大学的财务学者黄教授听了大家的发言后指出："以 8% 的股息率发行优先股不可行，因为发行优先股所花费的筹资费用较多，把筹资费用加上以后，预计利用优先股筹集资金的资金成本将达到 10%，这已接近公司税后资金利润率 10%，所以不可行。但若发行债券，由于利息可以在税前支付，实际成本大约在 6% 左右。"他还认为，目前我国正处于通货膨胀时期，利息率较高，这时不宜发行较长时期的负担较高的利息或股息。所以，黄教授认为，应首先向银行筹措 1 亿元的技术改造贷款，期限为一年，一年以后，再以较低的股息率发行优先股股票来替换技术改造贷款。

　　财务副总经理王军听了黄教授的分析后，也认为按 8% 发行优先股，的确会给公司带来沉重的财务负担。但他不同意黄教授后面的建议，他认为，在目前条件下向银行筹措 1 亿元技术改造贷款几乎不可能；另外，通货膨胀在近一年内不会消除，要想消除通货膨胀的影响，利息率有所下降，至少需要两年时间。金融专家周天也同意王军的看法。

　　（三）要求：

1. 归纳一下这次筹资研讨会上提出了哪几种筹资方案。
2. 对会上提出的几种筹资方案进行评价。

3. 请你为公司的筹资方案提供建议。

业务分析题二

（一）目的：掌握债券发行价格的确定。

（二）资料：

某企业发行三年期企业债券，面值为 1 000 元，票面利率为 10%，每年年末付息一次。

（三）要求：

分别计算市场利率为 8%、10%、12% 时每张债券的发行价格。

业务分析题三

（一）目的：掌握销售百分比法预测资金需求量。

（二）资料：

某公司 2019 年 12 月 31 日的资产负债简表见表 3-9。

表 3-9

资产负债表（简表）

2019 年 12 月 31 日　　　　　　　　　　　　　　单位：万元

资产	期末数	负债与所有者权益	期末数
货币资金	500	应付账款	500
应收账款	1 500	应付票据	1 000
存货	3 000	短期借款	2 500
固定资产	3 000	长期借款	1 000
		实收资本	2 000
		留存收益	1 000
资产合计	8 000	负债与所有者权益合计	8 000

该公司 2019 年的销售收入为 10 000 万元，现在还有剩余生产能力，增加收入不需要增加固定资产投资。假定销售净利率为 10%，净利润的 60% 分配给投资者，2020 年的销售收入将提高 20%。

（三）要求：

1. 预测 2020 年需要增加的资金量；

2. 预测 2020 年需要向外筹集的资金量。

业务分析题四

（一）目的：计算短期借款的承诺费。

（二）资料：

某企业从银行获得附有承诺的周转信贷额度为 1 000 万元，承诺费率为 0.5%，年初借入 800 万元，年底偿还，年利率为 5%。

（三）要求：

计算该企业负担的承诺费。

业务分析题五

（一）目的：掌握商业信用筹资成本及其决策。

（二）资料：

甲公司在 2020 年 1 月 1 日采购了一批发票价格为 600 000 元的材料，发票上标明的付款条件为"2/20，n/50"，甲公司暂时资金比较紧张，如果要还材料款，需要向银行借款，银行借款利率为 12%，而且要求公司在银行中保留 20% 的补偿性余额。

（三）要求：

1. 该公司如果在 1 月 21 日付款，则需要支付多少元？

2. 该公司如果在 2 月 20 日付款，是否比 1 月 21 日付款合算，为什么？

第四章
资金成本及其结构

【本章学习目标】

1. 掌握资金成本的含义及其作用；能够计算个别资金成本和加权平均资金成本；
2. 掌握经营杠杆、财务杠杆和总杠杆的含义，能够通过计算经营杠杆、财务杠杆和总杠杆，分析、判断企业面临风险的大小；
3. 理解资本结构的含义，能够运用不同方法确定企业最佳资本结构。

【本章重点与难点】

1. 资金成本，筹资费用，用资费用，长期借款资金成本，债券资金成本，优先股资金成本，普通股资金成本，留存收益资金成本；
2. 资本结构，最优资本结构，比较资金成本法，收益分析法。

【知识点回顾】

第一节　资　金　成　本

一、资金成本

资金成本的含义、内容及作用见表4-1。

表 4-1

项目	内容
含义	资金成本指企业为筹集和使用资金而付出的代价，包括筹资费和用资费
内容	（1）筹资费：是指企业在资金筹措过程中为获取资金而付出的代价，如借款手续费和证券发行费等，它通常在筹措资金时一次性支付。 （2）用资费：是指企业在资金使用过程中因占用资金而付出的代价，如股利和利息等，这是资金成本的主要内容 内容 ── 筹集代价 ── 筹资费 ── 筹资开始时作为筹资总额的扣除项 　　　└─ 使用代价 ── 用资费 ── 资金成本的主要内容
表示方法	通常用相对数表示：资金成本率 = $\dfrac{\text{资金使用费}}{\text{筹资总额} - \text{资金筹集费}} \times 100\%$
作用	（1）资金成本是比较筹资方式、选择筹资方案的依据； （2）平均资金成本率是衡量资本结构是否合理的依据； （3）资金成本率是评价投资项目可行性的主要标准； （4）资金成本是评价企业整体业绩的重要依据

二、个别资金成本计算

（一）借款的资金成本

$$K_L = \text{年利率} \times \frac{1 - \text{所得税税率}}{1 - \text{借款手续费率}}$$

（二）债券的资金成本

若债券平价发行：

$$K_B = \text{年利率} \times \frac{1 - \text{所得税税率}}{1 - \text{筹资费率}}$$

若债券溢价或折价发行，为更精确地计算资金成本，应以实际发行价格作为债券筹资额，不能用化简公式。

（三）优先股的资金成本

$$K_P = \frac{D_P}{P_P(1-f)} \times 100\%$$

式中：D_P 为优先股年利息；P_P 为优先股筹资总额；f 为筹资费用率。

（四）普通股的资金成本（见表4-2）

表4-2

方法	模型	公式
方法1	股利增长模型	$$K_S=\dfrac{D_0(1+g)}{P_0(1-f)}+g=\dfrac{D_1}{P_0(1-f)}+g$$ 【提示】在每年股利固定的情况下： $$普通股资金成本=\dfrac{每年固定股利}{普通股金额\times(1-普通股筹资率)}$$
方法2	资本资产定价模型	$K_S=R_S=R_f+\beta(R_m-R_f)$

（五）留存收益的资金成本

留存收益资金成本的计算与普通股成本相同，也分为股利增长模型法和资本资产定价模型法，不同点在于不考虑筹资费用。公式如下：

$$K_R=\dfrac{D_1}{P_0}+g$$

三、加权平均资金成本计算

加权平均资金成本的含义、计算公式及权数的确定见表4-3。

表4-3

项目	含义
含义	加权平均资金成本是以各项个别资本在企业总资本中的比重为权数，对各项个别资金成本率进行加权平均而得到的总资金成本率
计算公式	$$K_w=\sum_{j=1}^{n}K_jW_j$$ 式中：K_w为加权平均资金成本；K_j为第j种个别资本成本；W_j为第j种个别资本在全部资本中的比重

第二节　财务杠杆

杠杆原理的类型和计算见图4-1。

一、经营杠杆

（1）经营杠杆的含义。经营杠杆是指由于固定性经营成本的存在，而使得企业的资产报酬（息税前利润）变动率大于业务量变动率的现象。

（2）经营杠杆效应的度量指标见表4-4。

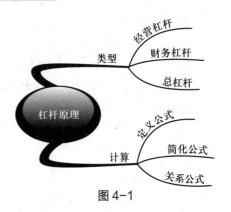

图4-1

表 4-4

	公式	用途
定义公式	$DOL = \dfrac{\Delta EBIT}{EBIT} / \dfrac{\Delta Q}{Q} = \dfrac{息税前利润变动率}{产销量变动率}$	用于预测
简化计算公式	$DOL = \dfrac{M}{M-F} = \dfrac{EBIT+F}{EBIT} = \dfrac{基期边际贡献}{基期息税前利润}$	用于计算

【提示】

基期 $EBIT = (P-V) \times Q - F$

预计 $EBIT_1 = (P-V) \times Q_1 - F$

$\Delta EBIT = EBIT_1 - EBIT = (P-V) \times \Delta Q$

$DOL = \dfrac{\Delta EBIT/EBIT}{\Delta Q/Q} = [(P-V) \times \Delta Q/EBIT] / (\Delta Q/Q) = (P-V)Q/EBIT = M/EBIT$

（3）经营杠杆的存在前提、经营杠杆与经营风险的关系及影响经营杠杆的因素总结见表 4-5。

表 4-5

项目	内容
存在前提	只要企业存在固定性经营成本，就存在经营杠杆效应
经营杠杆与经营风险	经营杠杆放大了市场和生产等因素变化对利润波动的影响。经营杠杆系数越高，表明资产报酬等利润指标波动程度越大，经营风险也就越大
影响经营杠杆的因素	固定成本比重越高、成本水平越高、产品销售数量和销售价格水平越低，经营杠杆效应越大，反之亦然

二、财务杠杆

（1）财务杠杆的含义。财务杠杆是指由于固定性资本成本（利息等）的存在，而使得企业的普通股收益（或每股收益）变动率大于息税前利润变动率的现象。

（2）财务杠杆效应的度量指标见表 4-6。

（3）存在财务杠杆效应的前提、财务杠杆与财务风险的关系及影响财务杠杆的因素总结见表 4-7。

表 4-6

定义		用途
定义公式	$DFL=\dfrac{\Delta EPS/EPS}{\Delta EBIT/EBIT}=\dfrac{每股收益变动率}{息税前利润变动率}$	用于预测
计算公式	$DFL=\dfrac{EBIT}{EBIT-I}=\dfrac{息税前利润}{利润总额}$	用于计算

【提示】

基期 $EPS=(EBIT-I)\times(1-T)/N$

预计 $EPS=(EBIT_1-I)\times(1-T)/N$

$\Delta EPS=[(EBIT_1-EBIT)\times(1-T)]/N$

$\Delta EPS/EPS=[(EBIT_1-EBIT)\times(1-T)/N]/[(EBIT-I)\times(1-T)/N]=\Delta EBIT/(EBIT-I)$

$DFL=\dfrac{\Delta EPS/EPS}{\Delta EBIT/EBIT}=EBIT/(EBIT-I)$

表 4-7

项目	内容
存在前提	只要企业融资方式中存在固定性资本成本，就存在财务杠杆效应。如固定利息、固定融资租赁费等的存在，都会产生财务杠杆效应
财务杠杆与财务风险	财务杠杆放大了资产报酬变化对普通股收益的影响，财务杠杆系数越高，表明普通股收益的波动程度越大，财务风险也就越大
影响财务杠杆的因素	债务成本比重越高、固定的资本成本支付额越高、息税前利润水平越低，财务杠杆效应越大，反之亦然

三、总杠杆

（1）总杠杆的含义。总杠杆是指由于固定经营成本和固定资本成本的存在，导致普通股每股收益变动率大于产销业务量的变动率的现象。

（2）总杠杆效应的度量指标见表 4-8。

表 4-8

项目		公式
总杠杆系数	定义公式	$DTL=\dfrac{\Delta EPS/EPS}{\Delta Q/Q}=\dfrac{普通股每股收益变动率}{产销量变动率}$
	关系公式	$DTL=DOL\times DFL=经营杠杆系数\times财务杠杆系数$
	计算公式	$DTL=\dfrac{M}{EBIT-I}$

（3）总杠杆的意义及影响总杠杆系数的因素见表4-9。

表4-9

项目	内容
意义	（1）只要企业同时存在固定性经营成本和固定性资本成本，就存在总杠杆效应； （2）总杠杆系数能够说明产销业务量变动对普通股收益的影响，据以预测未来的每股收益水平； （3）揭示了财务管理的风险管理策略，即要保持一定的风险状况水平，需要维持一定的总杠杆系数，经营杠杆和财务杠杆可以有不同的组合
影响因素	凡是影响经营杠杆和财务杠杆的因素都会影响总杠杆系数

第三节　资　本　结　构

一、资本结构的含义

（一）资本结构的含义

资本结构的含义见表4-10。

表4-10

项目	含义
资本结构	资本结构是指企业资本总额中各种资本的构成及其比例关系。筹资管理中，资本结构有广义和狭义之分 　广义的资本结构包括全部债务与股东权益的构成比率 　狭义的资本结构则指长期负债与股东权益资本构成比率。狭义资本结构下，短期债务作为营运资金来管理
最佳资本结构	最佳资本结构是指在一定条件下使企业平均资本成本率最低、企业价值最大的资本结构

（二）影响资本结构的因素

影响资本结构的因素见表4-11。

表4-11

影响因素	说明
企业经营状况的稳定性和成长率	如果产销业务量稳定，企业可较多地负担固定的财务费用； 　如果产销业务量能够以较高的水平增长，企业可以采用高负债的资本结构，以提升权益资本的报酬
企业的财务状况和信用等级	企业财务状况良好，信用等级高，债权人愿意向企业提供信用，企业容易获得债务资本
企业资产结构	拥有大量固定资产的企业主要通过长期负债和发行股票融通资金； 　拥有较多流动资产的企业更多地依赖流动负债融通资金； 　资产适用于抵押贷款的企业负债较多； 　以技术研发为主的企业则负债较少

续表

影响因素	说明
企业投资人和管理当局的态度	如果股东重视控制权问题，企业一般尽量避免普通股筹资；稳健的管理当局偏好于选择低负债比例的资本结构
行业特征和企业发展周期	产品市场稳定的成熟产业经营风险低，因此可提高债务资本比重，发挥财务杠杆作用； 高新技术企业产品、技术、市场尚不成熟，经营风险高，因此可降低债务资本比重，控制财务杠杆风险； 企业初创阶段，经营风险高，在资本结构安排上应控制负债比例； 企业发展成熟阶段，产品产销业务量稳定和持续增长，经营风险低，可适度增加债务资本比重，发挥财务杠杆效应； 企业收缩阶段，产品市场占有率下降，经营风险逐步加大，应逐步降低债务资本比重
经济环境的税务政策和货币政策	当所得税税率较高时，债务资本的抵税作用大，企业可以充分利用这种作用来提高企业价值； 当国家执行了紧缩的货币政策时，市场利率较高，企业债务资本成本增大

二、资本结构优化

资本结构决策的方法主要有：比较资本成本法和每股收益分析法。

（一）比较资本成本法

比较资本成本法是通过计算不同筹资方案的加权平均资本成本，并从中选出加权平均资本成本最低的方案为最佳资本结构方案的方法。

比较资本成本法的含义、关键指标和决策原则见表4-12。

表4-12

项目	内容
基本观点	能够降低平均资本成本的结构，就是合理的资本结构
关键指标	加权平均资本成本
决策原则	选择加权平均资本成本率最低的方案

（二）每股收益分析法

每股收益分析法的含义、关键指标、计算公式及决策原则见表4-13。

表4-13

要点	内容
基本观点	该种方法判断资本结构是否合理，是通过分析每股收益的变化来衡量的。能提高每股收益的资本结构是合理的，反之则不够合理
关键指标	每股收益分析是利用每股收益的无差别点进行的。所谓每股收益无差别点，是指不同筹资方式下每股收益都相等时的息税前利润或业务量水平

要点	内容
计算公式	$$\frac{(\overline{EBIT}-I_1)(1-T)}{N_1}=\frac{(\overline{EBIT}-I_2)(1-T)}{N_2}$$ $$\overline{EBIT}=\frac{I_1\cdot N_2-I_2\cdot N_1}{N_2-N_1}$$
决策原则	（1）当预期公司总的息税前利润或业务量水平高于每股收益无差别点时，应当选择财务杠杆效应较大的筹资方案 （2）当预期公司总的息税前利润或业务量水平低于每股收益无差别点时，应当选择财务杠杆效应较小的筹资方案 （3）当预期公司总的息税前利润或业务量水平等于每股收益无差别点时，筹资方案无差别

【典型题例分析】

一、单项选择题

1. 在计算优先股成本时，下列各因素中，不需要考虑的是（　　）。

　　A. 发行优先股总额　　　　　　　B. 优先股筹资费率
　　C. 优先股的优先权　　　　　　　D. 优先股每年的股利
　　【答案】C
　　【解析】优先股成本＝优先股每年股利／［发行优先股总额×（1－优先股筹资费率）］，其中并未涉及优先股的优先权。

2. 下列有关资本成本的说法正确的是（　　）。

　　A. 资本成本是指企业在筹集资金时付出的代价，包括筹资费和用资费
　　B. 不考虑时间价值时，资本成本率＝年资金占用费／筹资总额
　　C. 总体经济环境变化的影响，反映在无风险报酬率上
　　D. 资本成本是资本所有权与资本使用权分离的结果，对于筹资者而言，资本成本表现为取得资本所有权所付出的代价
　　【答案】C
　　【解析】资本成本是指企业为筹集和使用资本而付出的代价，包括筹资费和用资费。所以，选项A不正确。不考虑时间价值时，资本成本率＝年资金占用费／（筹资总额－筹资费用），其中（筹资总额－筹资费用）表示的是筹资净额。所以，选项B不正确。资本成本是资本所有权与资本使用权分离的结果，对于筹资者而言，资本成本表现为取得资本使用权所付出的代价。所以，选项D不正确。

3. 某公司普通股目前的股价为10元／股，筹资费率为4%，上年支付的每股股利为2元，股利固定增长率3%，则该企业利用留存收益的资本成本率为（　　）。

A. 23%　　　　　　　　　　　　B. 23.83%

C. 24.46%　　　　　　　　　　D. 23.6%

【答案】D

【解析】留存收益资本成本的计算公式与普通股资本成本相同，不同点在于留存收益资本成本的计算不考虑筹资费用，所以留存收益资本成本率＝［2×（1+3%）/10×100%］+3%=23.6%。

二、多项选择题

1. 在计算下列各项资金的筹资成本时，需要考虑筹资费用的有（　　　　）。

A. 普通股　　　　　　　　　　B. 债券

C. 长期借款　　　　　　　　　D. 留存收益

【答案】ABC

【解析】留存收益的资本成本是不需要考虑筹资费用的。

2. （　　　　）会直接影响企业的平均资本成本。

A. 个别资本成本　　　　　　　B. 各种资本在资本总额中所占的比重

C. 筹资规模　　　　　　　　　D. 企业的经营杠杆

【答案】AB

【解析】平均资本成本是由个别资本成本和各种资本所占的比例这两个因素所决定的。

3. 下列关于财务风险的说法正确的有（　　　　）。

A. 财务风险是由于经营不善引起的

B. 财务杠杆放大了资产报酬变化对普通股收益的影响，财务杠杆系数越高，财务风险越大

C. 只要存在固定性资本成本，就存在财务杠杆效应

D. 在其他因素一定的情况下，固定财务费用越高，财务杠杆系数越大

【答案】BCD

【解析】引起财务风险的主要原因是资产报酬的不利变化和资本成本的固定负担。所以，选项A不正确。

三、判断题

1. 经营杠杆能够扩大市场和生产等不确定性因素对利润变动的影响。（　　　）

【答案】√

【解析】引起企业经营风险的主要原因是市场需求和成本等因素的不确定性，经营杠杆本身并不是利润不稳定的根源。但是，经营杠杆扩大了市场和生产等不确定性因素对利润变动的影响。

2. 对于单一融资方案的评价，需要计算个别资本成本；而对企业总体资本成本水平进行评价时就需要计算出企业的平均资本成本。（　　　）

【答案】√

【解析】在衡量和评价单一融资方案时，需要计算个别资本成本；在衡量和评价企业筹资总体的经济性时，需要计算企业的平均资本成本。

3. 当息税前利润大于零，单位边际贡献不变时，除非固定性经营成本为零或业务量无穷大，否则息税前利润的变动率大于产销变动率。（　　　）

【答案】√

【解析】经营杠杆系数＝基期单位边际贡献 × 基期产销量／（基期单位边际贡献 × 基期产销量 − 基期固定性经营成本），息税前利润大于零，也就是分母大于零，在固定性经营成本不为零或业务量不是无穷大的情况下，可以看出经营杠杆系数的分子肯定大于分母，也就是说经营杠杆系数肯定大于1，又因为经营杠杆系数＝息税前利润变动率／产销变动率，所以息税前利润变动率大于销售量变动率。

【职业能力训练】

一、单项选择题

1. 成本按其习性可划分为（　　　）。
   A. 约束成本和酌量成本
   B. 固定成本、变动成本和混合成本
   C. 相关成本和无关成本
   D. 付现成本和非付现成本

2. 当财务杠杆系数为1时，下列表述正确的是（　　　）。
   A. 息税前利润增长率为零
   B. 息税前利润为零
   C. 利息与优先股股息为零
   D. 固定成本为零

3. 如果企业一定期间内的固定生产成本和固定财务费用均不为零，则由上述因素共同作用而导致的杠杆效应属于（　　　）。
   A. 经营杠杆效应
   B. 财务杠杆效应
   C. 复合杠杆效应
   D. 风险杠杆效应

4. 在计算优先股成本时，下列各因素中，不需要考虑的是（　　　）。
   A. 发行优先股总额
   B. 优先股筹资费率
   C. 优先股的优先权
   D. 优先股每年的股利

5. 下列各项中，运用普通股每股利润（每股收益）无差别点确定最佳资金结构时，需计算的指标是（　　　）。
   A. 息税前利润
   B. 营业利润
   C. 净利润
   D. 利润总额

6. 下列资金结构调整的方法中，属于减量调整的是（　　　）。
   A. 债转股
   B. 发行新债
   C. 提前归还借款
   D. 增发新股偿还债务

7. 假定某企业的权益资金与负债资金的比例为 60∶40，据此可断定该企业（　　　）。

A. 只存在经营风险　　　　　　　　B. 经营风险大于财务风险

C. 经营风险小于财务风险　　　　　D. 同时存在经营风险和财务风险

8. 在不考虑筹款限制的前提下，下列筹资方式中个别资金成本最高的通常是（　　）。

A. 发行普通股　　　　　　　　　　B. 留存收益筹资

C. 长期借款筹资　　　　　　　　　D. 发行公司债券

9. 在下列各项中，不能用于加权平均资金成本计算的是（　　）。

A. 市场价值权数　　　　　　　　　B. 目标价值权数

C. 账面价值权数　　　　　　　　　D. 边际价值权数

10. 某企业某年的财务杠杆系数为 2.5，息税前利润（$EBIT$）的计划增长率为 10%，假定其他因素不变，则该年普通股每股收益（EPS）的增长率为（　　）。

A. 4%　　　　　　　　　　　　　　B. 5%

C. 20%　　　　　　　　　　　　　D. 25%

11. 某企业年初从银行贷款 100 万元，期限 1 年，年利率为 10%，按照贴现法付息，则年末应偿还的金额为（　　）万元。

A. 70　　　　　　　　　　　　　　B. 90

C. 100　　　　　　　　　　　　　D. 110

12. 假定某公司本年营业收入为 1 000 万元，变动成本率为 40%，下年经营杠杆系数为 1.5，则该企业本年的固定性经营成本为（　　）万元。

A. 200　　　　　　　　　　　　　B. 150

C. 600　　　　　　　　　　　　　D. 100

13. 下列各项中，属于非经营性负债的是（　　）。

A. 应付账款　　　　　　　　　　　B. 应付票据

C. 应付债券　　　　　　　　　　　D. 应付销售人员薪酬

14. 某公司经营风险较大，准备采取系列措施降低杠杆系数，下列措施中，无法达到这一目的的是（　　）。

A. 降低利息费用　　　　　　　　　B. 降低固定成本水平

C. 降低变动成本　　　　　　　　　D. 提高产品销售单价

15. 下列各项中，将会导致经营杠杆效应最大的情况是（　　）。

A. 实际销售额等于目标销售额

B. 实际销售额大于目标销售额

C. 实际销售额等于盈亏临界点销售额

D. 实际销售额大于盈亏临界点销售额

二、多项选择题

1. 在计算下列各项资金的筹资成本时，需要考虑筹资费用的有（　　）。

A. 普通股　　　B. 债券　　　C. 长期借款　　　D. 留存收益

2. 下列各项因素中，能够影响公司资本成本水平的有（　　）。

  A. 通货膨胀   B. 筹资规模

  C. 经营风险   D. 资本市场效率

3. 普通股的资金成本较高的原因是（   ）。

  A. 投资者要求有较高的投资报酬率   B. 发行费较高

  C. 普通股价值较高   D. 普通股股利不具有抵税作用

4. 下列属于权益性资金成本的是（   ）。

  A. 优先股成本   B. 银行借款成本

  C. 普通股成本   D. 留存收益成本

5. 资本成本包括（   ）。

  A. 资金筹集费   B. 财务费用

  C. 资金占用费   D. 资金费用

6. 下列项目中，属于资金成本中筹资费用内容的是（   ）。

  A. 借款手续费   B. 债券发行费

  C. 债券利息   D. 股利

7. 影响优先股成本的主要因素有（   ）。

  A. 优先股股利   B. 优先股总额

  C. 优先股筹资费率   D. 企业所得税税率

8. 普通股成本的确定方法有（   ）。

  A. 股利增长模型法   B. 资本资产定价模型法

  C. 市盈率法   D. 贴现现金流量法

9. 影响公司加权平均资金成本的因素有（   ）。

  A. 资金结构   B. 个别资金成本高低

  C. 筹集资金总额   D. 筹资期限长短

10. 负债资金在资金结构中产生的影响是（   ）。

  A. 降低企业资金成本   B. 加大企业财务风险

  C. 具有财务杠杆作用   D. 分散股东控制权

11. 在下列各种情况下，（   ）会给企业带来经营风险。

  A. 企业举债过度   B. 原材料价格发生变动

  C. 企业产品更新换代周期过长   D. 企业产品的生产质量不稳定

12. 在边际贡献大于固定成本的情况下，下列措施中有利于降低企业复合风险的有

  （   ）。

  A. 增加产品销量   B. 提高产品单价

  C. 提高资产负债率   D. 节约固定成本支出

13. 如果公司的资金来源全部为自有资金，且没有优先股存在，则公司的经营风险、财务风

  险表述正确的是（   ）。

  A. 经营杠杆系数与财务杠杆系数都等于 0，企业无任何风险

  B. 财务杠杆系数等于 1，企业无任何风险

  C. 财务杠杆系数等于 1，企业有经营风险

D. 财务杠杆系数等于 1，企业也有财务风险

14. 公司 2019 年销售收入为 2 000 万元，变动成本率为 50%，固定成本总额为 800 万元，公司负债总额为 1 000 万元，平均债务利息率为 10%，所得税税率为 20%，则 2019 年（   ）。

   A. 经营杠杆系数为 5

   B. 财务杠杆系数为 2

   C. 总杠杆系数为 10

   D. 公司应该增加销售收入以降低未来经营风险

15. 企业发行票面利率为 i、每年付息一次、到期还本的债券时，市场利率为 k，下列说法中正确的有（   ）。

   A. 若 $i<k$，债券溢价发行
   B. 若 $i>k$，债券折价发行

   C. 若 $i>k$，债券溢价发行
   D. 若 $i<k$，债券折价发行

16. 利用每股利润无差异点进行企业资金结构分析时，（   ）。

   A. 当预计息税前利润等于每股利润无差异点时，采用权益筹资方式和采用负债筹资方式的报酬率相同

   B. 当预计息税前利润高于每股利润无差异点时，采用负债筹资方式比采用权益筹资方式有利

   C. 当预计息税前利润低于每股利润无差异点时，采用权益筹资方式比采用负债筹资方式有利

   D. 当预计息税前利润低于每股利润无差异点时，采用负债筹资方式比采用权益筹资方式有利

17. 下列各项中影响综合杠杆系数变动的因素有（   ）。

   A. 固定成本
   B. 单位边际贡献

   C. 产销量
   D. 固定利息

18. 下列各项中，影响财务杠杆系数的因素有（   ）。

   A. 产品边际贡献总额
   B. 所得税税率

   C. 固定成本
   D. 财务费用

19. 下列项目中，同总杠杆系数成正比例变动的是（   ）。

   A. 每股利润变动率
   B. 产销量变动率

   C. 经营杠杆系数
   D. 财务杠杆系数

20. 根据现有资本结构理论，下列各项中，属于影响资本结构决策因素的有（   ）。

   A. 企业资产结构
   B. 企业财务状况

   C. 企业产品销售状况
   D. 企业技术人员学历结构

三、判断题

（   ）1. 在其他因素不变的情况下，固定成本越小，经营杠杆系数也就越小，而经营风险则越大。

（　　）2. 资本成本与资金时间价值既有联系，又有区别。

（　　）3. 在筹资额和利息（股息）率相同时，企业借款筹资与发行优先股筹资的财务杠杆作用是相同的。

（　　）4. 留存收益是企业经营中的内部积累，这种资金不是向外界筹措的，因而它不存在资本成本。

（　　）5. 如果企业的债务资金为零，则财务杠杆系数必等于1。

（　　）6. 一个企业的经营杠杆系数和财务杠杆系数都有可能等于1。

（　　）7. 债券利息和优先股股利都作为财务费用在所得税前支付。

（　　）8. 经营风险来自于经营杠杆，而经营杠杆加大了企业经营风险。

（　　）9. 当预计的息税前利润大于每股利润无差别点的息税前利润时，负债筹资的普通股每股利润较高。

（　　）10. 在其他因素不变的情况下，固定成本越大，经营杠杆系数也就越大，经营风险则越大。

（　　）11. 企业可以通过扩大销售收入的方式降低经营杠杆系数。

（　　）12. 企业可以通过减少负债的方式来降低财务风险。

（　　）13. 为了降低总风险，在经营风险较大时，企业应该增加负债。

（　　）14. 如果企业在发行债券的契约中规定了允许提前偿还的条款，则当预测年利息率下降时，一般会提前赎回债券。

（　　）15. 如果销售具有较强的周期性，则企业在筹集资金时不适宜过多采取负债筹资。

（　　）16. 经营杠杆能够扩大市场和生产等不确定性因素对利润变动的影响。

（　　）17. 最优资金结构是使企业筹资能力最强、财务风险最小的资金结构。

（　　）18. 在个别资本成本一定的情况下，企业综合资本成本的高低取决于资金总额。

（　　）19. 在优化资本结构的过程中，综合资本成本最小的方案一定是普通股每股利润最大的方案。

四、业务分析题

业务分析题一

（一）目的：掌握债券资金成本计算。

（二）资料：

已知：某公司 2019 年销售收入为 20 000 万元，销售净利润率为 12%，净利润的 60% 分配给投资者。2019 年 12 月 31 日的资产负债表（简表）见表 4-14。

该公司 2020 年计划销售收入比上年增长 30%，为实现这一目标，公司需新增设备一台，价值 148 万元。据历年财务数据分析，公司流动资产与流动负债随销售额同比率增减。公司如需对外筹资，可按面值发行票面年利率为 10%、期限为 10 年、每年年末付息的公司债券解决。假定该公司 2020 年的销售净利率和利润分配政策与上年保持一致，公司债券的发行费用可忽略不计，适用的企业所得税税率为 25%。

表 4-14

资产负债表（简表）

2019 年 12 月 31 日   单位：万元

资产	期末余额	负债及所有者权益	期末余额
货币资金	1 000		
应收账款	3 000		
存货	6 000		
固定资产	7 000		
无形资产	1 000		
		应付账款	1 000
		应付票据	2 000
		长期借款	9 000
		实收资本	4 000
		留存收益	2 000
资产总计	18 000	负债与所有者权益总计	18 000

（三）要求：

1. 计算 2020 年公司需增加的营运资金。

2. 预测 2020 年需要对外筹集的资金量。

3. 计算发行债券的资金成本。

业务分析题二

（一）目的：掌握加权平均资金成本计算。

（二）资料：

某企业发行债券、优先股、普通股筹集资金。发行债券 500 万元，票面利率 8%，筹资费用率 2%；优先股 200 万元，年股利率 12%，筹资费用率 5%；普通股 300 万元，筹资费用率 7%，预计下年度股利率 14%，并以每年 4% 的速度递增。企业适用所得税税率为 25%。

（三）要求：

计算个别资金成本和综合资金成本。

业务分析题三

（一）目的：掌握经营杠杆、财务杠杆和总杠杆系数的计算及其运用。

（二）资料：

某企业只生产和销售 A 产品，其总成本习性模型为 $Y=10\,000+3X$。假定该企业 2019 年度 A 产品销售量为 10 000 件，每件售价为 5 元；按市场预测，2020 年 A 产品的销售数量将增长 10%。

（三）要求：

1. 计算 2019 年该企业的边际贡献总额。

2. 计算 2019 年该企业的息税前利润。

3. 计算销售量为 10 000 件时的经营杠杆系数。

4. 计算 2020 年息税前利润增长率。

5. 假定企业 2019 年产生负债利息 5 000 元，且无优先股股息，计算 2020 年综合杠杆系数。

业务分析题四

（一）目的：掌握比较资金成本法。

（二）资料：

某公司拟筹资 1 000 万元，现有甲、乙两个备选方案。有关资料见表 4–15。

表 4–15

筹资方式	甲方案	乙方案
长期借款	200 万元，资金成本 9%	180 万元，资金成本 9%
债券	300 万元，资金成本 10%	200 万元，资金成本 10.5%
普通股	500 万元，资金成本 12%	620 万元，资金成本 12%
合计	1 000 万元	1 000 万元

（三）要求：

通过比较资金成本法确定该公司的最佳资金结构。

业务分析题五

（一）目的：利用筹资无差别点进行资本结构决策。

（二）资料：

某公司 2019 年 12 月 31 日的长期负债及所有者权益总额为 18 000 万元，其中，发行在外的普通股 8 000 万股（每股面值 1 元），公司债券 2 000 万元（按面值发行，票面年利率为 8%，每年年末付息，三年后到期）。资本公积 4 000 万元，其余均为留存收益。2020 年 1 月 1 日，该公司拟投资一个新的建设项目，需追加筹资 2 000 万元。现在有 A、B 两个筹资方案：A. 发行普通股，预计每股发行价格为 5 元；B. 按面值发行票面年利率为 8% 的公司债券（每年年末付息）。假定该建设项目投产后，2020 年度公司可实现息税前利润 4 000 万元。公司适用的所得税税率为 25%。

（三）要求：

1. 计算 A 方案的下列指标：①增发普通股的股份数。②2020 年公司的全年债券利息。

2. 计算 B 方案下 2020 年公司的全年债券利息。

3. 计算 A、B 两方案的每股利润无差别点，并为该公司作出筹资决策。

第五章
项目投资管理

【本章学习目标】

1. 熟悉项目投资的特点与意义，了解项目投资的决策程序；
2. 熟悉项目投资的现金流量的构成，并能准确估算项目现金流量；
3. 理解项目投资决策各种指标的含义，能够利用贴现评价指标和非贴现评价指标对项目可行性进行评价，能够对不同项目的优劣做出比较。

【本章重点与难点】

1. 项目投资特点，项目投资计算期，项目投资现金流量，项目投资假设；
2. 非贴现评价指标，静态投资回收期，投资利润率；
3. 动态评价指标，净现值，净现值率，现值指数，内含报酬率。

【知识点回顾】

第一节　项目投资概述

一、项目投资的特点和意义

（一）项目投资的含义及特点
项目投资的含义及特点见表 5-1。

表 5-1

含义	特点
以特定建设项目为投资对象的一种长期投资行为	（1）投资规模较大，投资回收时间较长 （2）投资风险较大 （3）项目投资的次数较少 （4）项目投资决策必须严格遵守相应的投资程序

（二）项目投资的意义

（1）增强企业经济实力；

（2）提高企业创新能力；

（3）提升企业市场竞争能力。

二、项目投资的决策程序

项目投资的决策程序如下：投资项目的提出 ⟶ 投资项目的可行性分析 ⟶ 投资项目的决策 ⟶ 投资项目的实施与控制。

第二节　项目投资的现金流量估算

一、项目投资计算期与投资资金

（一）项目计算期的构成

项目计算期是指从投资建设开始到最终清理结束整个过程的全部时间，见图 5-1。

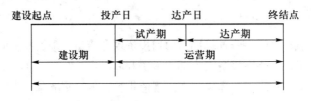

图 5-1

项目计算期（n）、建设期（s）和运营期（p）之间存在以下关系：

$$n=s+p$$

（二）原始投资与项目总投资的关系

原始投资与项目总投资的关系见表 5-2。

表 5-2

基本概念	含义
原始投资（初始投资）	等于企业为使该项目完全达到设计生产能力、开展正常经营而投入的全部现实资金。 原始投资 = 建设投资 + 流动资金投资
项目总投资	反映项目投资总体规模的价值指标。 项目总投资 = 原始投资 + 资本化利息

项目投资包括一次投入和分次投入两种形式。

二、项目现金流量的构成

项目投资的现金流量（NCF）是指在一个投资项目引起的企业各项现金收入和现金支出增加的数量，是增量的现金流量。

项目现金流量包括现金流出量、现金流入量和现金净流量。

现金流出量：投资项目的现金流出量是指该项目的出现而引起的企业现金支出的增加额。

现金流入量：投资项目的现金流入量是指该项目的出现而引起的企业现金收入的增加额。

现金净流量：投资项目的现金净流量是指该项目的出现而引起的企业现金流入量与现金流出量之间的差额。

三、项目现金流量的估算

投资期：包括在长期资产上的投资和垫支的营运资金：①土地使用费支出；②固定资产方面的投资；③流动资产方面的投资；④其他方面的投资；⑤原有固定资产的变价收入。

营业期：项目投资的营业期年现金净流量（NCF）计算公式为：

$$营业现金净流量（NCF）=营业收入-付现成本-所得税$$

其中：

$$付现成本=营业成本-折旧-摊销$$

$$
\begin{aligned}
营业现金净流量（NCF）&=营业收入-（营业成本-折旧-摊销）-所得税\\
&=（营业收入-营业成本）\times（1-所得税税率）+折旧+\\
&\quad 摊销\\
&=净利润+折旧+摊销
\end{aligned}
$$

终结期：包括固定资产变价净收入和垫支营运资金的收回。

第三节　项目投资决策评价指标

一、静态评价指标的计算与分析

（一）静态投资回收期

1. 含义

静态投资回收期，是指以投资项目经营净现金流量抵偿原始投资所需要的全部时间。

2. 两种形式

静态投资回收期分为包括建设期的投资回收期（PP）和不包括建设期的投资回收期（PP'）两种形式。

3. 计算（见表 5-3）

表 5-3

项目	内容
特殊条件	某一项目运营期内前若干年（假定为 $s+1\sim s+m$ 年，共 m 年）每年净现金流量相等，且其合计大于或等于建设期发生的原始投资合计
公式	（1）不包括建设期的回收期（PP'） $$不包括建设期的回收期（PP'）= \frac{建设期发生的原始投资合计}{运营期内前若干年每年相等的净现金流量}$$ （2）包括建设期的回收期 $PP=PP'+$ 建设期 【提示】如果全部流动资金投资均不发生在建设期内，则公式中分子应调整为建设期投资合计

4. 优缺点（见表 5-4）

表 5-4

优点	缺点
（1）能够直观地反映原始投资的返本期限	（1）没有考虑资金时间价值
（2）便于理解，计算比较简单	（2）不能正确反映投资方式的不同对项目的影响
（3）可以直接利用回收期之前的净现金流量信息	（3）没有考虑回收期满后继续发生的净现金流量

5. 决策原则

只有静态投资回收期指标小于或等于基准投资回收期的投资项目才具有财务可行性。

（二）投资利润率

1. 含义及计算（见表 5-5）

表 5-5

项目	内容
含义	投资利润率又称投资报酬率（记作 ROI），是指达产期正常年份的年息税前利润或运营期年均息税前利润占项目总投资的百分比
计算公式	$$投资利润率（ROI）= \frac{年息税前利润或年均息税前利润}{项目总投资} \times 100\%$$

2. 指标特点（见表 5-6）

表 5-6

项目	内容
优缺点	优点：计算公式简单 缺点：①没有考虑资金时间价值因素；②不能正确反映建设期长短及投资方式不同和回收额的有无等条件对项目的影响；③分子、分母的计算口径的可比性较差；④无法直接利用净现金流量信息
决策原则	只有总投资收益率指标大于或等于基准总投资收益率指标的投资项目才具有财务可行性

二、动态评价指标的计算与分析

（一）折现率的确定

折现率的确定方法及适用范围见表 5-7。

表 5-7

折现率的确定方法	适用范围
以拟投资项目所在行业（而不是单个投资项目）的权益资本必要收益率作为折现率	适用于资金来源单一的项目
拟投资项目所在行业（而不是单个投资项目）的加权平均资金成本作为折现率	适用于相关数据齐备的行业
以社会的投资机会成本作为折现率	适用于已经持有投资所需资金的项目
以国家或行业主管部门定期发布的行业基准资金收益率作为折现率	适用于投资项目的财务可行性研究和建设项目评估中的净现值和净现值率指标的计算
完全人为主观确定折现率	适用于按逐次测试法计算内含收益率指标

（二）净现值

1. 含义

净现值（NPV）是指在项目计算期内，按设定折现率或基准收益率计算的各年净现金流量现值之和。

2. 计算

净现值是各年净现金流量的现值合计，其实质是资金时间价值计算现值公式的公式利用。净现值的计算方法见表 5-8。

表 5-8

计算方法的种类	内容
一般方法	公式法：本法根据净现值的定义，直接利用公式来完成该指标计算的方法 列表法：本法是指通过现金流量表计算净现值指标的方法。净现金流量现值的合计数值即为净现值
特殊方法	本法是指在特殊条件下，当项目投产后净现金流量表现为普通年金或递延年金时，可以利用计算年金现值或递延年金现值的技巧直接计算出项目净现值的方法，又称简化方法
插入函数法	在 Excel 环境下，用插入函数法求出的净现值

在计算机环境下，插入函数法最为省事，而且计算精确度最高，是实务中应当首选的方法。

3. 决策原则

若 $NPV \geqslant 0$，方案可行；否则，方案不可行。

4. 优缺点

优点：综合考虑了资金时间价值、项目计算期内的全部净现金流量和投资风险。

缺点：无法从动态的角度直接反映投资项目的实际收益率水平；与静态投资回收期指标相比，计算过程比较繁琐。

（三）净现值率

1. 含义

净现值率（$NPVR$）是指投资项目的净现值占原始投资现值合计的比率，亦可将其理解为单位原始投资的现值所创造的净现值。

2. 计算

净现值率是净现值与原始投资现值合计的比率。

$$净现值率（NPVR）= \frac{项目的净现值}{原始投资的现值合计}$$

3. 决策原则

若 $NPVR \geqslant 0$，方案可行；否则，方案不可行。

4. 优缺点

优点：可以从动态的角度反映项目投资的资金投入与净产出之间的关系。

缺点：与净现值指标相似，无法直接反映投资项目的实际收益率。

（四）现值指数

1. 含义

现值指数是指项目投产后按一定贴现率折算的营业期内各年现金净流量的现值合计与原始投资的现值合计的比值。

2. 计算

$$现值指数（PI）= \frac{\sum 营业期各年现金净流量现值}{原始投资现值合计}$$

从净现值率和现值指数的定义可知这两个指标存在以下关系：

$$现值指数（PI）=1+ 净现值率（NPVR）$$

3. 决策原则

如果 $PI \geqslant 1$，则该投资项目可行；如果 $PI<1$，则该投资项目不可行。

4. 优缺点

优点：考虑了资金时间价值，能够动态地反映投资项目的资金投入与总产出之间的关系。

缺点：无法直接反映投资项目的实际收益率，计算过程复杂，计算口径也不一致。

（五）内含报酬率

1. 含义

内含报酬率又叫内部收益率（记作 IRR），即指项目投资实际可望达到的报酬率，亦可将其定义为能使投资项目的净现值等于零时的折现率。

2. 计算

内含报酬率的计算即找到能够使方案的净现值为零的折现率。

3. 决策原则

若 $IRR \geqslant$ 基准收益率或资金成本，方案可行；否则，方案不可行。

4. 优缺点

优点：可以从动态的角度直接反映投资项目的实际收益水平；不受基准收益率高低的影

响,比较客观。

缺点:计算过程复杂,尤其当经营期大量追加投资时,又有可能导致多个内部收益率出现,或偏高或偏低,缺乏实际意义。

三、运用相关指标评价投资项目的财务可行性

(1)如果某一投资项目的所有评价指标均处于可行期间,即同时满足图 5-2 所示的条件时,则可以断定该投资项目无论从哪个方面看完全具备财务可行性,应当接受此投资方案。

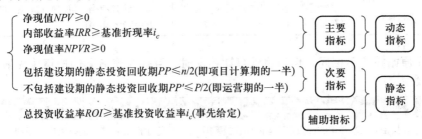

图 5-2

(2)若根据主要指标判断方案可行,而根据次要或辅助指标判断方案不可行,则基本具备财务可行性。

(3)若根据主要指标判断方案不可行,而根据次要或辅助指标判断方案可行,则基本不具备财务可行性。

(4)若根据主要指标判断方案不可行,根据次要或辅助指标判断方案也不可行,则完全不具备财务可行性。

第四节 项目投资决策方法的应用

一、独立投资方案的决策

独立投资方案决策方法见图 5-3。

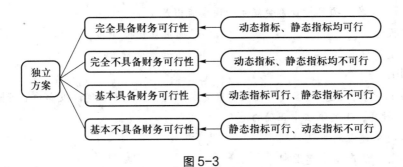

图 5-3

二、互斥投资方案的决策

（一）原始投资相同且项目计算期相等时，互斥投资方案的决策（见表 5-9）

表 5-9

决策方法	关键指标确定	决策原则	适用范围
净现值法	净现值	选择净现值大的方案作为最优方案	该法适用于原始投资相同且项目计算期相等的多方案比较决策
净现值率法	净现值率	选择净现值率大的方案作为最优方案	项目计算期相等且原始投资相同的多个互斥方案的比较决策

（二）原始投资不相同，但项目计算期相同时，互斥投资方案的决策（见表 5-10）

表 5-10

决策方法	关键指标确定	决策原则
差额投资内部收益率法	差额投资内部收益率的计算方法与内部收益率指标的计算方法是一样的，只不过所依据的是差量净现金流量	当差额投资内部收益率指标大于或等于基准收益率或设定折现率时，原始投资额大的方案较优；反之，则投资少的方案为优

（三）项目计算期不同时，互斥投资方案的决策（见表 5-11）

表 5-11

决策方法	关键指标确定	决策原则
年等额净回收额法	年等额净回收额 $= \dfrac{\text{该方案净现值}}{P/A, \, i_c, \, n}$	在所有方案中，年等额净回收额最大的方案为优

【典型题例分析】

一、单项选择题

1. 下列各项中，各类项目投资都会发生的现金流出是（　　）。

   A. 建设投资　　　　　　　　　　　B. 固定资产投资

   C. 无形资产投资　　　　　　　　　D. 流动资金投资

   【答案】B

   【解析】固定资产投资是各类项目投资都会发生的现金流出。建设投资的范畴较广。

2. 关于项目投资，下列说法中正确的是（　　）。

   A. 计算期 = 建设期 + 达产期

   B. 计算期 = 试产期 + 建设期

   C. 达产期是指项目投入生产运营达到设计预期水平后的时间

D. 从达产日到终结点之间的时间间隔称为运营期

【答案】C

【解析】项目计算期＝建设期＋运营期，其中：运营期＝试产期＋达产期，所以选项A、B不正确；达产期是指生产运营达到设计预期水平后的时间，所以选项C正确；运营期指的是从投产日到终结点之间的时间间隔，所以选项D不正确。

3. 已知某固定资产投资项目计算期为13年，固定资产投资为120万元，建设期资本化利息为10万元，预备费为11万元。包括建设期的回收期为5年，不包括建设期的回收期为2年。如果该固定资产采用直线法计提折旧，净残值为20万元，则年折旧额为（ ）万元。

A. 11.5　　　　　　　　B. 12.1　　C. 11　D. 10

【答案】B

【解析】建设期＝包括建设期的回收期－不包括建设期的回收期＝5−2＝3（年）

折旧年限＝13−3＝10（年）

固定资产原值＝120+10+11＝141（万元）

年折旧额＝（141−20）/10＝12.1（万元）

二、多项选择题

1. 在项目计算期不同的情况下，能够应用于多个互斥投资方案比较决策的方法有（ ）。

A. 差额投资内含收益率法　　　　B. 年等额净回收额法

C. 最短计算期法　　　　　　　　D. 方案重复法

【答案】BCD

【解析】差额投资内含收益率法不能用于项目计算期不同的方案的比较决策。

2. 已知某投资项目运营期某年的有关资料如下：营业收入为300万元，不含财务费用的总成本费用为150万元，经营成本为120万元，所得税前净现金流量为120万元，该年所得税后净现金流量为100万元，所得税税率为25%。则下列各项中，说法正确的有（ ）。

A. 该年折旧摊销为30万元　　　　B. 该年调整所得税为20万元

C. 该年息税前利润为80万元　　　D. 该年税金及附加为70万元

【答案】ABCD

【解析】该年折旧摊销＝该年不含财务费用的总成本费用－经营成本＝150−120＝30（万元）

该年调整所得税＝所得税前净现金流量－所得税后净现金流量

　　　　　　　　＝120−100＝20（万元）

该年息税前利润＝20/25%＝80（万元）

该年税金及附加＝该年营业收入－该年不含财务费用的总成本费用－息税前利润

　　　　　　　　＝300−150−80＝70（万元）

3. 项目投资具有的积极意义有（ ）。

A. 是实现社会资本积累功能的主要途径　　B. 可增强投资者技术经济实力

C. 可提高投资者创新能力　　　　　D. 可提升投资者市场竞争能力

【答案】ABCD

【解析】从宏观角度分析，项目投资具有的积极意义包括：

（1）项目投资是实现社会资本积累功能的主要途径；

（2）增加项目投资，能够为社会提供更多的就业机会，提高社会总供给量。

从微观角度分析，项目投资具有的积极意义包括：

（1）增强投资者技术经济实力；

（2）提高投资者创新能力；

（3）提升投资者市场竞争能力。

三、判断题

1. 在全投资假设条件下，从投资企业的立场看，企业取得借款应视为现金流入，而归还借款和支付利息则应视为现金流出。（　　）

【答案】×

【解析】在全投资假设条件下，从投资企业的立场看，企业取得借款或归还借款和支付利息均应视为无关现金流量。

2. 在评价投资项目的财务可行性时，如果静态投资回收期或投资利润率的评价结论与净现值指标的评价结论发生矛盾，应当以净现值指标的结论为准。（　　）

【答案】√

【解析】项目投资决策的评价指标包括主要指标、次要指标和辅助指标。净现值、内部收益率、净现值率和获利指数属于主要指标；静态投资回收期为次要指标；投资利润率为辅助指标。当静态投资回收期或投资报酬率的评价结论与净现值等主要指标的评价结论发生矛盾时，应当以主要指标的结论为准。

3. 某投资项目的项目计算期为5年，净现值为10 000万元，行业基准折现率10%，5年期、折现率为10%的年金现值系数为3.791，则该项目的年等额净回收额约为2 638万元。（　　）

【答案】√

【解析】项目的年等额净回收额 = 项目的净现值 / 年金现值系数 =10 000/3.791。

【职业能力训练】

一、单项选择题

1. 项目投资决策中，完整的项目计算期是指（　　）。

A. 建设期　　　　　　　　　　　　B. 生产经营期

C. 建设期 + 达产期　　　　　　　　D. 建设期 + 生产经营期

2. 某投资项目原始投资额为 100 万元，使用寿命 10 年，已知该项目第 10 年的经营净现金流量为 25 万元，期满处置固定资产残值收入及回收流动资金共 8 万元，则该投资项目第 10 年的净现金流量为（　　）万元。

 A. 8   B. 25   C. 33   D. 43

3. 下列指标的计算中，没有直接利用净现金流量的是（　　）。

 A. 内含收益率   B. 投资利润率

 C. 净现值率   D. 获利指数

4. 长期投资决策中，不宜作为折现率进行投资项目评价的是（　　）。

 A. 活期存款利率   B. 投资项目的资金成本

 C. 投资的机会成本   D. 行业平均资金收益率

5. 在财务管理中，将企业为使项目完全达到设计生产能力、开展正常经营而投入的全部现实资金称为（　　）。

 A. 投资总额   B. 现金流量

 C. 建设投资   D. 原始总投资

6. 已知某投资项目按 14% 折现率计算的净现值大于零，按 16% 折现率计算的净现值小于零，则该项目的内含收益率肯定（　　）。

 A. 大于 14%，小于 16%   B. 小于 14%

 C. 等于 15%   D. 大于 16%

7. 某企业拟按 15% 的期望投资报酬率进行一项固定资产投资决策，所计算的净现值指标为 100 万元，资金时间价值为 8%。假定不考虑通货膨胀因素，则下列表述中正确的是（　　）。

 A. 该项目的获利指数小于 1   B. 该项目内含收益率小于 8%

 C. 该项目风险报酬率为 7%   D. 该企业不应进行此项投资

8. 某投资项目的项目计算期为 5 年，净现值为 10 000 万元，行业基准折现率 10%，5 年期、折现率为 10% 的年金现值系数为 3.791，则该项目的年等额净回收额约为（　　）万元。

 A. 2 000   B. 2 638   C. 37 910   D. 50 000

9. 下列各项中，不属于投资项目现金流出量内容的是（　　）。

 A. 固定资产投资   B. 折旧与摊销

 C. 无形资产投资   D. 新增经营成本

10. 如果某投资项目的相关评价指标满足以下关系：$NPV>0$，$NPVR>0$，$PI>1$，$IRR>i_c$，$PP>n/2$，则可以得出的结论是（　　）。

 A. 该项目基本具备财务可行性   B. 该项目完全具备财务可行性

 C. 该项目基本不具备财务可行性   D. 该项目完全不具备财务可行性

11. 已知某完整工业投资项目的固定资产投资为 2 000 万元，无形资产投资为 200 万元，开办费投资为 100 万元。预计投产后第二年的总成本费用为 1 000 万元，同年的折旧额为 200 万元，无形资产摊销额为 40 万元，计入财务费用的利息支出为 60 万元，则投产后第二年用于计算净现金流量的经营成本为（　　）万元。

 A. 1 300   B. 760   C. 700   D. 300

12. 若某投资项目的建设期为零，则直接利用年金现值系数计算该项目内含收益率指标所要求的前提条件是（　　　）。
    A. 投产后净现金流量为普通年金形式　　　B. 投产后净现金流量为递延年金形式
    C. 投产后各年的净现金流量不相等　　　　D. 在建设起点没有发生任何投资

13. 已知某完整工业投资项目预计投产第一年的流动资产需用数为 100 万元，流动负债可用数为 40 万元；投产第二年的流动资产需用数为 190 万元，流动负债可用数为 100 万元。则投产第二年新增的流动资金额应为（　　　）万元。
    A. 150　　　　　　　B. 90　　　　　　　　C. 60　　　　　　　　D. 30

14. 在下列各项中，属于项目资本金现金流量表的现金流出内容，不属于全部投资现金流量表现金流出内容的是（　　　）。
    A. 税金及附加　　　　　　　　　　　B. 借款利息支付
    C. 维持运营投资　　　　　　　　　　D. 经营成本

15. 从项目投资的角度看，在计算完整工业投资项目的运营期所得税前净现金流量时，不需要考虑的因素是（　　　）。
    A. 税金及附加　　　　　　　　　　　B. 资本化利息
    C. 营业收入　　　　　　　　　　　　D. 经营成本

16. 在下列方法中，不能直接用于项目计算期不相同的多个互斥方案比较决策的方法是（　　　）。
    A. 净现值法　　　　　　　　　　　　B. 方案重复法
    C. 年等额净回收额法　　　　　　　　D. 最短计算期法

17. 某投资项目运营期某年的总成本费用（不含财务费用）为 1 100 万元，其中：外购原材料、燃料和动力费估算额为 500 万元，工资及福利费的估算额为 300 万元，固定资产折旧额为 200 万元，其他费用为 100 万元。据此计算的该项目当年的经营成本估算额为（　　　）万元。
    A. 1 000　　　　　　B. 900　　　　　　　C. 800　　　　　　　D. 300

18. 某企业新建生产线项目，需要在建设期期初投入形成固定资产的费用为 500 万元；支付 50 万元购买一项专利权，支付 10 万元购买一项非专利技术；投入开办费 5 万元，预备费 10 万元，该项目的建设期为 1 年，所使用的资金全部为自有资金。则该项目建设投资、固定资产原值分别是（　　　）万元。
    A. 60，575　　　　　B. 575，510　　　　　C. 575，60　　　　　　D. 510，575

19. 下列各项中，不属于静态投资回收期优点的是（　　　）。
    A. 计算简便　　　　　　　　　　　　B. 便于理解
    C. 直观反映返本期限　　　　　　　　D. 正确反映项目总回报

20. 某公司拟进行一项固定资产投资决策，设定折现率为 10%，有四个方案可供选择。其中甲方案的净现值率为 -12%；乙方案的内含收益率为 9%；丙方案的项目计算期为 10 年，净现值为 960 万元，（ P/A，10%，10 ）=6.144 6；丁方案的项目计算期为 11 年，年等额净回收额为 136.23 万元。最优的投资方案是（　　　）。
    A. 甲方案　　　　　B. 乙方案　　　　　　C. 丙方案　　　　　　D. 丁方案

二、多项选择题

1. 某单纯固定资产投资项目的资金来源为银行借款，按照全投资假设和简化公式计算经营期某年的净现金流量时，要考虑的因素有（　　　　　）。
   A. 该年因使用该固定资产新增的净利润
   B. 该年因使用该固定资产新增的折旧
   C. 该年回收的固定资产净残值
   D. 该年偿还的相关借款本金

2. 净现值法与现值指数法的共同之处在于（　　　　　）。
   A. 都是相对数指标，反映投资的效率
   B. 都必须按预定的贴现率折算现金流量的现值
   C. 都不能反映投资方案的实际投资收益率
   D. 都没有考虑货币时间价值因素

3. 下列指标属于折现的相对量评价指标的是（　　　　　）。
   A. 净现值率　　　　　　　　　　　B. 现值指数
   C. 投资利润率　　　　　　　　　　D. 内含收益率

4. 若建设期不为 0，则建设期内各年的净现金流量可能会（　　　　　）。
   A. 等于 1　　　　B. 大于 1　　　　C. 小于 0　　　　D. 等于 0

5. 在一般投资项目中，当一项投资方案的净现值等于 0 时，即表明（　　　　　）。
   A. 该方案的获利指数等于 1
   B. 该方案不具备财务可行性
   C. 该方案的净现值率大于零
   D. 该方案的内含收益率等于设定折现率或行业基准收益率

6. 若 $NPV<0$，则下列关系式中正确的有（　　　　　）。
   A. $NPVR>0$　　　B. $NPVR<0$　　　C. $PI<1$　　　D. $IRR<i$

7. （　　　　　）指标不能直接反映投资项目的实际收益水平。
   A. 净现值　　　　B. 现值指数　　　　C. 内含收益率　　　D. 净现值率

8. 净现值法的优点有（　　　　　）。
   A. 考虑了资金时间价值　　　　　　B. 考虑了项目计算期的全部净现金流量
   C. 考虑了投资风险　　　　　　　　D. 可从动态上反映项目的实际投资收益率

9. 在建设期不为零的完整工业投资项目中，分次投入的垫支流动资金的实际投资时间可以发生在（　　　　　）。
   A. 建设起点　　　　　　　　　　　B. 建设期期末
   C. 试产期起点　　　　　　　　　　D. 终结点

10. 内含收益率是指（　　　　　）。
    A. 投资报酬与总投资的比率　　　　B. 项目投资实际可望达到的报酬率
    C. 投资报酬现值与总投资现值的比率　　D. 使投资方案净现值为零的贴现率

11. 完整的工业投资项目的现金流入主要包括（　　　　　）。
    A. 营业收入
    B. 回收固定资产变现净值
    C. 固定资产折旧
    D. 回收流动资金

12. 影响项目内含收益率的因素包括（　　　　　）。
    A. 投资项目的有效年限
    B. 投资项目的现金流量
    C. 企业要求的最低投资报酬率
    D. 建设期

13. 在单一方案决策过程中，与净现值评价结论可能发生矛盾的评价指标是（　　　　　）。
    A. 净现值率
    B. 投资利润率
    C. 投资回收期
    D. 内含收益率

14. 下列指标中，考虑到资金时间价值的是（　　　　　）。
    A. 净现值　　　　B. 现值指数　　　　C. 内部报酬率　　　　D. 投资回收期

15. 在项目计算期不同的情况下，能够应用于多个互斥投资方案比较决策的方法有（　　　　　）。
    A. 差额投资内含收益率法
    B. 年等额净回收额法
    C. 最短计算期法
    D. 方案重复法

16. 如果某投资项目完全具备财务可行性，且其净现值指标大于零，则可以断定该项目的相关评价指标同时满足（　　　　　）。
    A. 获利指数大于 1
    B. 净现值率大于等于零
    C. 内含收益率大于基准折现率
    D. 包括建设期的静态投资回收期大于项目计算期的一半

17. 下列各项建设投资费用中，不构成固定资产原值的有（　　　　　）。
    A. 监理费
    B. 开办费
    C. 勘察设计费
    D. 生产准备费

18. 在计算建设投资内容时，必须考虑的有（　　　　　）。
    A. 固定资产投资
    B. 无形资产投资
    C. 流动资金投资
    D. 付现成本

19. 在长期投资决策中，一般来说，属于建设期现金流出项目的有（　　　　　）。
    A. 固定资产投资
    B. 开办费
    C. 经营成本
    D. 无形资产投资

20. 如果其他因素不变，一旦贴现率提高，则下列指标中其数值将会变小的是（　　　　　）。
    A. 净现值
    B. 投资报酬率
    C. 内部报酬率
    D. 现值指数

三、判断题

（　　　　）1. 项目投资的现金流量是指项目投资引起的库存现金和银行存款增加或减少量。

（　　　　）2. 在投资项目决策中，只要投资方案的投资利润大于零，该方案就是可行方案。

（　　）3. 在全投资假设条件下，从投资企业的立场看，企业取得借款应视为现金流入，而归还借款和支付利息则应视为现金流出。

（　　）4. 资金成本是投资人对投入资金所要求的最低收益率，也可作为判断投资项目是否可行的取舍标准。

（　　）5. 投资利润率和静态投资回收期这两个静态指标的优点是计算简单，容易掌握，且均考虑了现金流量。

（　　）6. 在评价投资项目的财务可行性时，如果静态投资回收期或投资利润率的评价结论与净现值指标的评价结论发生矛盾，应当以净现值指标的结论为准。

（　　）7. 计提折旧和无形资产摊销都会引起现金流入量增加。

（　　）8. 投资项目评价所运用的内含报酬率指标的计算结果与项目预定的贴现率高低有直接关系。

（　　）9. 某一投资方案按 10% 的贴现率计算的净现值大于零，那么，该方案的内含报酬率大于 10%。

（　　）10. 风险调整贴现率法与肯定当量法的共同缺点是，均对远期现金流量予以较大的调整，两者的区别在于前者调整净现值公式的分母，后者调整净现值公式的分子。

（　　）11. 在应用差额投资内含收益率法对固定资产更新改造投资项目进行决策时，如果差额内含收益率小于行业基准折现率或资金成本率，就不应当进行更新改造。

（　　）12. 在项目投资决策中，净现金流量是指经营期内每年现金流入量与同年现金流出量之间的差额所形成的序列指标。

（　　）13. 根据项目投资理论，完整工业项目运营期某年的所得税前净现金流量等于该年的自由现金流量。

（　　）14. 随着折现率的提高，未来某一款项的现值将逐渐增加。

（　　）15. 根据项目投资的理论，在各类投资项目中，运营期现金流出量中都包括固定资产投资。

（　　）16. 投资项目的经营成本不应包括运营期间固定资产折旧费、无形资产摊销费和财务费用。

（　　）17. 在投资项目可行性研究中，应首先进行财务可行性评价，再进行技术可行性分析，如果项目具备财务可行性和技术可行性，就可以做出该项目应当投资的决策。

（　　）18. 如果项目的全部投资均于建设期一次投入，且建设期为零，运营期每年净现金流量相等，则计算内含收益率所使用的年金现值系数等于该项目投资回收期期数。

（　　）19. 某投资项目各年的预计净现金流量分别为：$NCF_0 = -200$ 万元，$NCF_1 = -50$ 万元，$NCF_{2-3} = 100$ 万元，$NCF_{4-11} = 250$ 万元，$NCF_{12} = 150$ 万元，则该项目包括建设期的静态投资回收期为 2 年。

（　　）20. 某新建设投资项目，建设期为 2 年，试产期为 1 年，达产期为 8 年，则该项目的运营期是 8 年。

四、业务分析题

业务分析题一

（一）目的：计算项目现金净流量。

（二）资料：

某企业拟建造一项生产设备。预计建设期为 1 年，所需原始投资 200 万元于建设起点一次投入。该设备预计使用寿命为 5 年，使用期满报废清理时无残值。该设备折旧方法采用直线法。该设备投产后每年增加净利润 60 万元。假定适用的行业基准折现率为 10%。

（三）要求：

计算项目计算期内各年净现金流量。

业务分析题二

（一）目的：确定项目投入方式、计算项目现金净流量及静态投资回收期。

（二）资料：

某企业计划进行某项投资活动方案，原始投资 150 万元，其中固定资产投资 100 万元，流动资金 50 万元，全部资金于建设起点一次投入，经营期 5 年，到期残值收入 5 万元，预计投产后年营业收入 90 万元，年总成本（包括折旧）60 万元。固定资产按直线法折旧，全部流动资金于终结点收回。该企业为免税企业，可以免交所得税。

（三）要求：

1. 说明方案资金投入的方式；

2. 计算方案各年的净现金流量；

3. 计算方案包括建设期的静态投资回收期。

业务分析题三

（一）目的：计算项目投资决策相关指标，并作出决策。

（二）资料：

某企业拟进行一项固定资产投资，该项目的现金流量表（部分）见表 5-12。

表 5-12

单位：万元

项目	建设期			经营期				合计
	0	1	2	3	4	5	6	
净现金流量	-1 000	-1 000	100	1 000	（B）	1 000	1 000	2 900
累计净现金流量	-1 000	-2 000	-1 900	（A）	900	1 900	2 900	—
折现净现金流量	-1 000	-943.4	89	839.6	1 425.8	747.3	705	1 863.3

（三）要求：

1. 在答题纸上计算上表中用英文字母表示的项目的数值。

2. 计算或确定下列指标：①静态投资回收期；②净现值；③原始投资现值；④净现值率；⑤获利指数。

3. 评价该项目的财务可行性。

业务分析题四

（一）目的：计算项目投资相关指标，计算等额回收额。

（二）资料：

已知某企业为开发新产品拟投资 1 000 万元建设一条生产线，现有甲、乙、丙三个方案可供选择。

甲方案的净现金流量为：$NCF_0=-1\,000$ 万元，$NCF_1=0$ 元，$NCF_{2-6}=250$ 万元。

乙方案的相关资料为：预计投产后 1—10 年每年新增 500 万元营业收入（不含增值税），每年新增的经营成本和所得税分别为 200 万元和 50 万元；第 10 年回收的资产余值和流动资金分别为 80 万元和 200 万元。

丙方案的现金流量资料见表 5-13。

表 5-13

单位：万元

时间	0	1	2	3	4	5	6—10	11	合计
原始投资	500	500	0	0	0	0	0	0	1 000
年净利润	0	0	172	172	172	182	182	182	1 790
年折旧摊销额	0	0	72	72	72	72	72	72	720
年利息	0	0	6	6	6	0	0	0	18
回收额	0	0	0	0	0	0	0	280	280
净现金流量	0	（A）	0	（B）					
累计净现金流量	0	（C）							

注："6—10" 年一列中的数据为每年数，连续 5 年相等。

该企业所在行业的基准折现率为 8%，部分资金时间价值系数见表 5-14。

表 5-14

时间	1	6	10	11
（F/P, 8%）	—	1.586 9	2.158 9	—
（P/F, 8%, t）	0.925 9	—	0.428 9	—
（A/P, 8%, t）	—	—	0.140 1	—
（P/A, 8%, t）	0.925 9	4.622 9	6.710 1	—

（三）要求：

1. 指出甲方案项目计算期，并说明该方案第 2 至第 6 年的净现金流量（NCF_{2-6}）属于何种年金形式。

2. 计算乙方案项目计算期各年的净现金流量。

3. 根据表 5-13 的数据，写出表中用字母表示的丙方案相关净现金流量和累计净现金流量（不用列算式），并指出该方案的资金投入方式。

4. 计算甲、丙两方案包括建设期的静态投资回收期。

5. 计算（P/F，8%，10）和（A/P，8%，10）的值（保留四位小数）。

6. 计算甲、乙两方案的净现值指标，并据此评价甲、乙两方案的财务可行性。

7. 如果丙方案的净现值为 725.69 万元，用年等额净回收额法为企业做出该生产线项目投资的决策。

业务分析题五

（一）目的：作出设备更新决策。

（二）资料：

甲企业打算在 2019 年年末购置一套不需要安装的新设备，以替换一套尚可使用 5 年、折余价值为 91 000 元、变价净收入为 80 000 元的旧设备。取得新设备的投资额为 285 000 元。到 2024 年年末，新设备的预计净残值超过继续使用旧设备的预计净残值 5 000 元。使用新设备可使企业在 5 年内每年增加营业利润 10 000 元。新旧设备均采用直线法计提折旧。假设全部资金来源均为自有资金，适用的企业所得税税率为 25%，折旧方法和预计净残值的估计均与税法的规定相同。

（三）要求：

1. 计算更新设备比继续使用旧设备增加的投资额。

2. 计算经营期因更新设备而每年增加的折旧。

3. 计算经营期每年因营业利润增加而导致的所得税变动额。

4. 计算经营期每年因营业利润增加而增加的净利润。

5. 计算因旧设备提前报废发生的处理固定资产净损失。

6. 计算经营期第 1 年因旧设备提前报废发生净损失而抵减的所得税额。

7. 计算建设期起点的差量净现金流量 ΔNCF_0。

8. 计算经营期第 1 年的差量净现金流量 ΔNCF_1。

9. 计算经营期第 2—4 年每年的差量净现金流量 $\Delta NCF_{2\text{-}4}$。

10. 计算经营期第 5 年的差量净现金流量 ΔNCF_5。

第六章
证券投资管理

【本章学习目标】

1. 了解证券投资的目的与特征，了解证券投资的种类与投资程序；
2. 理解股票、债券、基金投资的风险和收益，了解证券投资组合的风险及其收益率；
3. 能够通过债券投资价值的计算及投资收益率的计算，对债券投资作出决策；
4. 能够掌握股票投资决策分析方法对股票投资和投资组合作出决策；
5. 能够通过计算基金的投资收益率作出基金投资决策；
6. 能够通过证券投资组合降低证券投资风险。

【本章重点与难点】

1. 证券投资目的，证券投资特点，证券投资程序；
2. 债券价值评估，债券投资收益率计算；
3. 股票价值评估，零成长模型，固定成长模型，分阶段模型；
4. 证券投资基金，封闭式基金，开放式基金，基金报价，基金投资收益率；
5. 证券投资组合，系统风险、非系统风险，资本资产定价模型。

【知识点回顾】

第一节　证券投资概述

一、证券投资的目的与特征

（一）证券投资的概念与目的

证券投资是指投资者将资金投资于股票、债券、基金及衍生证券等资产，从而获取收益的一种投资行为。证券投资可以使投资者灵活运用资金，以获得更多的投资收益。

企业进行证券投资的主要目的主要有以下几个方面：①存放暂时闲置的资金；②与企业长期资金计划相配合；③获得长期稳定的投资收益；④获得对相关企业的控制权。

（二）证券投资的特征

相对于实物投资而言，证券投资具有如下特点：①流动性强；②价格不稳定；③交易成本低。

二、证券投资的种类

证券投资具体可以分为以下几类：①债券投资；②股票投资；③基金投资；④期货投资；⑤期权投资；⑥证券组合投资。

三、证券投资的基本程序

企业初次进行证券投资，其投资程序一般按下列步骤进行：①开户；②委托买卖；③清算交割；④过户。

第二节　债券投资

一、债券投资的目的和特点

（一）债券投资的目的

企业进行短期债券投资的目的主要是为了合理利用暂时闲置的资金，调节现金余额，获得收益。

（二）债券投资的特点

债券投资的特点包括：①期限性；②流动性；③安全性；④收益性。

二、债券价值的计算与分析

债券价值计算的基本模型是：

$$V=\sum_{t=1}^{n}\frac{I_t}{(1+i)^t}+\frac{M}{(1+i)^n}$$

式中：V 为债券的价值；I_t 为第 t 年的债券利息；M 为债券的面值；n 为现在至债券到期的年限；i 为贴现率，一般采用当时的市场利率或投资人要求的最低报酬率。

三、债券到期收益率的计算

债券到期收益率的计算公式如下：

$$V=I\cdot(P/A,\ i,\ n)+M\cdot(P/F,\ i,\ n)$$

式中：V 为债券的购买价格；I 为每年的债券利息；n 为到期的年数；i 为贴现率；M 为债券的面值。

债券的到期收益率也可用简便算法求得近似结果：

$$R=\frac{I+(M-P)\div N}{(M+P)\div 2}\times 100\%$$

式中：I 为每年的利息；M 为到期归还的本金；P 为买价；N 为年数。

四、债券投资的风险评价

债券投资的风险主要包括违约风险、利率风险、购买力风险、流动性风险和期限性风险。

第三节　股票投资

一、股票投资的目的和特点

（一）股票投资的目的
企业进行股票投资的目的主要有两种：一是获利；二是控股。
（二）股票投资的特点
股票投资的特点包括：①永久性；②参与性；③流通性；④风险性。

二、股票价值计算的基本模型

股票价值是指股票预期的未来现金流入的现值，也称股票的内在价值。股票价值计算的基本模型为：

$$V=\frac{D_1}{(1+R_s)^1}+\frac{D_2}{(1+R_s)^2}+\cdots+\frac{D_n}{(1+R_s)^n}+\cdots$$

$$=\sum_{t=1}^{\infty}\frac{D_t}{(1+R_s)^t}$$

式中：V 为股票的价值；D_t 为第 t 年的股利；R_s 为贴现率，即股票必要的报酬率；t 为年份。

若投资者不打算永久地持有该股票，而打算在一段时间后出售，其未来现金流入是几次股利和出售时的股价之和。则模型为：

$$V=\sum_{t=1}^{n}\frac{D_t}{(1+R_s)^t}+\frac{P_n}{(1+R_s)^n}$$

式中：V 为股票的价值；D_t 为第 t 年的股息；R_s 为股票最低或必要的报酬率；t 为年份；P_n 为第 n 年的市场价格，即投资者出售时的市场价格。

三、股票价值计算的具体应用

（一）零成长股票的价值

$$V=D\div R_s$$

（二）固定成长股票的价值

固定成长股票价值的计算公式如下：

$$P=\frac{D_0(1+g)}{R_s-g}=\frac{D_1}{R_s-g}$$

如要计算股票投资的预期报酬率，则只要求出上述公式中的 R_s 即可：

$$R_s=(D_1\div P_0)+g$$

（三）非固定成长股票的价值

非固定成长股票价值的计算，实际上就是固定成长股票价值计算的分段运用。

（四）市盈率法分析股票价值

股票价值 = 行业平均市盈率 × 该股票每股年收益

股票价格 = 该股票市盈率 × 该股票每股年收益

用股票价值与股票价格比较，可以看出该股票是否值得投资。

第四节 基金投资

一、基金投资的含义和种类

基金投资是指投资者通过购买投资基金股份或受益凭证来获取收益的投资方式。证券投资基金的种类繁多，可按不同的方式进行分类：

（1）根据组织形态的不同，可分为公司型基金与契约型基金；

（2）根据变现方式的不同，可分为封闭式基金和开放式基金；

（3）根据投资标的不同，基金可分为股票基金、债券基金、货币基金、期货基金、期权基金、认股权证基金、专门基金等。

二、基金投资的价值与报价

（一）基金单位净值

$$基金单位净值 = 基金净资产价值总额 \div 基金单位总份额$$

式中，基金净资产价值总额 = 基金资产总值 − 基金负债总额

（二）基金的报价

$$基金认购价 = 基金单位净值 + 首次认购费$$

$$基金赎回价 = 基金单位净值 − 基金赎回费$$

三、基金投资的收益率

基金收益率用以反映基金增值的情况，它通过基金净资产的价值变化来衡量。

$$基金收益率 = \frac{年末持有份数 \times 基金单位净值年末数 - 年初持有份数 \times 基金单位净值年初数}{年初持有份数 \times 基金单位净值年初数}$$

第五节 证券投资组合决策

一、证券投资组合意义

证券投资组合可以帮助投资者全面捕捉获利机会，降低投资风险。

二、证券投资组合的风险与收益率

（一）证券投资组合的风险

证券投资组合的风险可以分为两种性质完全不同的风险，即非系统性风险和系统性风险。

1. 非系统性风险

非系统性风险又叫可分散性风险或公司特有风险，是指某些因素对单个证券造成经济损失的可能性。

2. 系统性风险

系统性风险又称不可分散风险或市场风险，是指由于某些因素给市场上所有的证券都带来经济损失的可能性。

不可分散风险的程度，通常用 β 系数来计量。

当 $\beta=1$ 时，说明该资产的收益率与市场平均收益率呈同方向、同比例的变化。也就是说，该资产所含的系统风险与市场组合的风险一致；市场组合的 β 系数为1。

当 $\beta<1$ 时，说明该资产收益率的变动幅度小于市场组合收益率（或称市场平均收益率）的变动幅度，因此其所含的系统风险小于市场组合的风险。

当 $\beta>1$ 时，说明该资产收益率的变动幅度大于市场组合收益率的变动幅度，因此其所含的系统风险大于市场组合的风险。

投资组合的 β 系数是单个证券 β 系数的加权平均数，权数为各种证券组合中所占的比重。其计算公式为：

$$\beta_\text{P}=\sum_{i=1}^{n}X_i\beta_i$$

式中：β_P 为证券组合的 β 系数；X_i 为证券组合中第 i 种股票所占比重；β_i 为第 i 种股票的系数；n 为证券组合中股票的数量。

（二）证券投资组合的风险收益

$$R_\text{p}=\beta_\text{p}\cdot(K_\text{m}-R_\text{f})$$

式中：R_p 为证券组合的风险收益率；β_p 为证券组合的 β 系数；K_m 为所有股票的平均收益率，也就是由市场上所有股票组成的证券组合的收益率，简称市场收益率；R_f 为无风险收益率，一般用政府公债的利息率来衡量。

（三）风险和收益率的关系

资本资产定价模型（Capital Asset Pricing Model，简写为 CAPM）。这一模型为：

$$K_i=R_\text{f}+\beta_i\cdot(K_\text{m}-R_\text{f})$$

式中：K_i 为第 i 种股票或第 i 种证券组合的必要收益率；R_f 为无风险收益率；β_i 为第 i 种股票或第 i 种证券组合的 β 系数；K_m 为所有股票或所有证券的平均收益率。

三、证券投资组合的策略与方法

（一）证券投资组合策略

1. 保守型策略

保守型策略认为，最佳证券投资组合策略是要尽量模拟市场现状，将尽可能多的证券包括进来，以便分散全部可分散风险，得到与市场所有证券的平均收益相同的收益。

2. 冒险型策略

冒险型策略认为，与市场完全一样的组合不是最佳组合，只要投资组合做得好，就能击败市场和超越市场，取得远远高于平均水平的收益。

3. 适中型策略

适中型策略认为证券的价格，特别是股票的价格，是由特定企业的经营业绩来决定的。

（二）证券投资组合的方法

进行证券投资组合的方法有很多，但最常见的方法通常有以下几种：

（1）选择足够数量的证券进行组合。

（2）把风险大、风险中等、风险小的证券放在一起进行组合。

（3）把投资收益呈负相关的证券放在一起进行组合。

【典型题例分析】

一、单项选择题

1. 如果某单项资产的系统风险大于整个市场投资组合的风险，则可以判定该项资产的 β 值
（ ）。
 A. 等于1 　　　　 B. 小于1 　　　　 C. 大于1 　　　　 D. 等于0
 【答案】C
 【解析】$\beta=1$，表明单项资产的系统风险与市场投资组合的风险情况一致；$\beta>1$，说明单项资产的系统风险大于整个市场投资组合的风险；$\beta<1$，说明单项资产的系统风险小于整个市场投资组合的风险。

2. A、B 两种股票组成投资组合，二者的 β 系数分别为 0.8 和 1.6，若组合中两种资产的比重分别是 40% 和 60%，则该组合的 β 系数为（ ）。
 A. 1.28 　　　　 B. 1.5 　　　　 C. 8 　　　　 D. 1.6
 【答案】A
 【解析】组合的 β 系数 $=0.8\times40\%+1.6\times60\%=1.28$。

3. 某投资组合的必要收益率为 15%，市场上所有组合的平均收益率为 12%，无风险收益率为 5%，则该组合的 β 系数为（ ）。
 A. 2 　　　　 B. 1.43 　　　　 C. 3 　　　　 D. 无法确定
 【答案】B
 【解析】必要收益率 = 无风险收益率 + 风险收益率，所以风险收益率 = 必要收益率 − 无风险收益率 $=15\%-5\%=10\%$，该组合的 β 系数 $=10\%/（12\%-5\%）=1.43$。

二、多项选择题

1. 投资者在计算基金投资收益率时，应考虑的因素有（ ）。
 A. 年初持有基金份数 　　　　　　　 B. 年末持有基金份数
 C. 年初基金单位净值 　　　　　　　 D. 年末基金单位净值
 【答案】ABCD
 【解析】基金收益率 =（年末持有份数 × 基金单位净值年末数 − 年初持有份数 × 基金单位净值年初数）/（年初持有份数 × 基金单位净值年初数）。

2. 下列说法正确的是（ ）。
 A. 相关系数为 −1 时能够抵消全部风险
 B. 相关系数在 0~1 之间变动时，相关程度越低，分散风险的程度越大

C. 相关系数在 0 ~ -1 之间变动时，相关程度越低，分散风险的程度越小

D. 相关系数为 0 时，不能分散任何风险

【答案】BC

【解析】相关系数为 -1 时能够抵消全部非系统风险，注意系统性风险是不能通过投资组合进行分散的；相关系数为 1 时不能分散任何风险，但是相关系数为 0 时可以分散部分非系统性风险，其风险分散的效果大于正相关、小于负相关。

3. 下列说法正确的是（   ）。

A. 非系统性风险包括经营风险和财务风险两部分

B. 经营风险是指由于企业内外部条件变化对企业盈利能力或资产价值产生影响形成的风险

C. 由于行业技术的发展引起的风险属于系统风险

D. 在投资组合中投资项目增加的初期，风险分散的效果比较明显，但增加到一定程度，风险分散的效果就会逐渐减弱

【答案】ABD

【解析】由于行业技术的发展引起的风险属于非系统风险。

三、判断题

1. 市场风险是指市场收益率整体变化所引起的市场上所有资产的收益率的变动性，它是影响所有资产的风险，因而不能被分散掉。（   ）

【答案】√

【解析】市场风险是指影响所有企业的风险，它不能通过投资组合分散掉。

2. 资产之间的相关系数发生变化时，投资组合的收益率都不会低于所有单个资产中的最低收益率，投资组合的风险可能会高于所有单个资产中的最高风险。（   ）

【答案】×

【解析】无论资产之间的相关系数如何变化，投资组合的收益率都不会低于所有单个资产中的最低收益率，投资组合的风险也不会高于所有单个资产中的最高风险。

3. 在没有通货膨胀的情况下，必要收益率 = 资金时间价值 + 风险收益率。（   ）

【答案】√

【解析】必要收益率 = 无风险收益率 + 风险收益率，无风险收益率 = 资金时间价值 + 通货膨胀补贴率。因为没有通货膨胀，所以无风险收益率 = 资金时间价值，所以必要收益率 = 资金时间价值 + 风险收益率。

【职业能力训练】

一、单项选择题

1. 宏发公司股票的 β 系数为 1.5，无风险利率为 4%，市场上所有股票的平均收益率为 8%，

　　　则宏发公司股票的收益率应为（　　　）。

　　A. 4%　　　　　　　　B. 12%　　　　　　　C. 8%　　　　　　　D. 10%

2. 下列各种证券中，属于变动收益证券的是（　　　）。

　　A. 国库券　　　　　　　　　　　　B. 无息债券

　　C. 普通股股票　　　　　　　　　　D. 不参加优先股股票

3. 下列各项中，不能通过证券组合分散的风险是（　　　）。

　　A. 非系统性风险　　　　　　　　　B. 公司特别风险

　　C. 可分散风险　　　　　　　　　　D. 市场风险

4. 在证券投资中，通过随机选择足够数量的证券进行组合可以分散掉的风险是（　　　）。

　　A. 所有风险　　　　　　　　　　　B. 市场风险

　　C. 系统性风险　　　　　　　　　　D. 非系统性风险

5. 低风险、低收益证券所占比重较小，高风险、高收益证券所占比重较高的投资组合属于
　　（　　　）。

　　A. 冒险型投资组合　　　　　　　　B. 适中型投资组合

　　C. 保守型投资组合　　　　　　　　D. 随机型投资组合

6. 在计算由两项资产组成的投资组合收益率的方差时，不需要考虑的因素是（　　　）。

　　A. 单项资产在投资组合中所占比重　　B. 单项资产的 β 系数

　　C. 单项资产的方差　　　　　　　　D. 两种资产的协方差

7. 下列各项中，属于证券投资系统性风险（市场风险）的是（　　　）。

　　A. 利息率风险　　　　　　　　　　B. 违约风险

　　C. 破产风险　　　　　　　　　　　D. 流动性风险

8. 下列各项中，不能衡量证券投资收益水平的是（　　　）。

　　A. 持有期收益率　　　　　　　　　B. 到期收益率

　　C. 息票收益率　　　　　　　　　　D. 标准离差率

9. 如果某单项资产的系统风险大于整个市场投资组合的风险，则可以判定该项资产的 β 值
　　（　　　）。

　　A. 等于 1　　　　　　B. 小于 1　　　　　　C. 大于 1　　　　　　D. 等于 0

10. 根据财务管理的理论，特定风险通常是（　　　）。

　　A. 不可分散风险　　　　　　　　　B. 非系统风险

　　C. 基本风险　　　　　　　　　　　D. 系统风险

11. 相对于股票投资而言，下列项目中能够揭示债券投资特点的是（　　　）。

　　A. 无法事先预知投资收益水平　　　B. 投资收益率的稳定性较强

　　C. 投资收益率比较高　　　　　　　D. 投资风险较大

12. 如果 A、B 两只股票的收益率变化方向和变化幅度完全相同，则由其组成的投资组合
　　（　　　）。

　　A. 不能降低任何风险　　　　　　　B. 可以分散部分风险

　　C. 可以最大限度地抵消风险　　　　D. 风险等于两只股票风险之和

13. 某上市公司预计未来 5 年股利高速增长，然后转为正常增长，则下列各项普通股评价模

型中，最适宜于计算该公司股票价值的是（　　　）。

A. 股利固定模型
B. 零成长股票模型
C. 二阶段模型
D. 股利固定增长模型

14. 基金发起人在设立基金时，规定了基金单位的发行总额，筹集到这个总额后，基金即宣告成立，在一定时期内不再接受新投资，这种基金称为（　　　）。

A. 契约型基金
B. 公司型基金
C. 封闭式基金
D. 开放式基金

15. 已知某公司股票的 β 系数为 0.5，短期国债收益率为 6%，市场组合收益率为 10%，则该公司股票的必要收益率为（　　　）。

A. 6%　　　　　B. 8%　　　　　C. 10%　　　　　D. 16%

16. 已知甲、乙两个方案投资收益率的期望值分别为 10% 和 12%，两个方案都存在投资风险，在比较甲、乙两方案风险大小时应使用的指标是（　　　）。

A. 标准离差率　　　B. 标准差　　　C. 协方差　　　D. 方差

17. 企业进行多元化投资，其目的之一是（　　　）。

A. 追求风险
B. 消除风险
C. 减少风险
D. 接受风险

18. 债券的年实际利息收入与买入该债券实际价格的比率是（　　　）。

A. 票面收益率
B. 必要收益率
C. 直接收益率
D. 持有期收益率

19. 投资者对股票、短期债券和长期债券进行投资，共同的目的是（　　　）。

A. 合理利用暂时闲置资金
B. 获取长期资金
C. 获取控股权
D. 获取收益

20. 已知当前的国债利率为 3%，某公司适用的所得税税率为 25%。出于追求最大税后收益的考虑，该公司决定购买一种金融债券。该金融债券的利率至少应为（　　　）。

A. 2.65%　　　　　B. 3%　　　　　C. 3.75%　　　　　D. 4%

二、多项选择题

1. 与股票投资相比，债券投资的优点有（　　　）。

A. 本金安全性好
B. 投资收益率高
C. 购买力风险低
D. 收入稳定性强

2. 在下列各项中，属于证券投资风险的有（　　　）。

A. 违约风险
B. 购买力风险
C. 流动性风险
D. 期限性风险

3. 下列证券中属于固定收益证券的是（　　　）。

A. 公司债券
B. 金融债券
C. 优先股股票
D. 普通股股票

4. 证券投资的系统风险，又称为（　　　）。

A. 市场风险　　　　　　　　　　　　B. 公司特别风险

C. 可分散风险　　　　　　　　　　　D. 不可分散风险

5. 下列会引起证券价格下跌的是（　　　　　）。

A. 银行利率上升　　　　　　　　　　B. 通货膨胀持续降低

C. 银行利率下降　　　　　　　　　　D. 通货膨胀持续增长

6. 在下列各项中，影响债券收益率的有（　　　　　）。

A. 债券的票面利率、期限和面值　　　B. 债券的持有时间

C. 债券的买入价和卖出价　　　　　　D. 债券的流动性和违约风险

7. 按照资本资产定价模型，确定特定股票必要收益率所考虑的因素有（　　　　　）。

A. 无风险收益率　　　　　　　　　　B. 公司股票的特有风险

C. 特定股票的 β 系数　　　　　　　D. 所有股票的年均收益率

8. 股票投资的收益包括（　　　　　）。

A. 资本利得　　　B. 股利　　　　C. 出售售价　　　　D. 债券利息

9. 债券投资与股票投资相比（　　　　　）。

A. 收益较高　　　　　　　　　　　　B. 投资风险较小

C. 购买力风险低　　　　　　　　　　D. 没有经营控制权

10. 企业进行股票投资的主要目的包括（　　　　　）。

A. 获取稳定收益

B. 为了获得股利收入及股票买卖价差

C. 取得对被投资企业的控股权

D. 为配合长期资金的使用，调节现金余额

11. 按照投资的风险分散理论，以等量资金投资于 A、B 两项目，（　　　　　）。

A. 若 A、B 项目完全负相关，组合后的非系统风险完全抵消

B. 若 A、B 项目完全负相关，组合非系统风险不扩大也不减少

C. 实际上 A、B 项目的投资组合可以降低非系统风险，但难以完全消除非系统风险

D. 若 A、B 项目完全正相关，组合非系统风险不扩大也不减少

12. 下列情况引起的风险属于可分散风险的是（　　　　　）。

A. 银行调整利率水平　　　　　　　　B. 公司劳资关系紧张

C. 公司诉讼失败　　　　　　　　　　D. 市场呈现疲软现象

13. 证券的 β 系数是衡量风险大小的重要指标，下列表述正确的有（　　　　　）。

A. β 越大，说明该股票的风险越大

B. β 越小，说明该股票的风险越大

C. 某股票的 $\beta=1$，说明该股票的市场风险等于股票市场的平均风险

D. 某股票的 β 大于 1，说明该股票的市场风险大于股票市场的平均风险

14. 在计算不超过一年期债券的持有期年均收益率时，应考虑的因素包括（　　　　　）。

A. 利息收入　　　B. 持有时间　　　C. 买入价　　　　D. 卖出价

15. 股票投资的缺点有（　　　　　）。

A. 购买力风险低　　　　　　　　　　B. 求偿权居后

　　　　C. 价格不稳定　　　　　　　　　　　D. 收入稳定性强

16. 在下列各项中，能够影响特定投资组合 β 系数的有（　　　　）。

　　　A. 该组合中所有单项资产在组合中所占比重

　　　B. 该组合中所有单项资产各自的 β 系数

　　　C. 市场投资组合的无风险收益率

　　　D. 该组合的无风险收益率

17. 单项资产或者投资组合的必要收益率受（　　　　）的影响。

　　　A. 无风险收益率　　　　　　　　　　B. 市场组合的平均收益率

　　　C. β 系数　　　　　　　　　　　　D. 某种资产的特有风险

18. 下列各项中，能够衡量风险的指标有（　　　　）。

　　　A. 方差　　　　　B. 标准差　　　　　C. 期望值　　　　　D. 标准离差率

19. 投资者在计算基金投资收益率时，应考虑的因素有（　　　　）。

　　　A. 年初持有基金份数　　　　　　　　B. 年末持有基金份数

　　　C. 年初基金单位净值　　　　　　　　D. 年末基金单位净值

20. 契约型基金又称单位信托基金，其当事人包括（　　　　）。

　　　A. 受益人　　　　B. 管理人　　　　C. 托管人　　　　D. 投资人

三、判断题

（　　　）1. 在投资人想出售有价证券获取现金时，证券不能立即出售的风险是期限性风险。

（　　　）2. 一般情况下，股票市场价格会随着市场利率的上升而下降，随着市场利率的下降
　　　　　　　 而上升。

（　　　）3. 市场风险是指市场收益率整体变化所引起的市场上所有资产的收益率的变动性，
　　　　　　　 它是影响所有资产的风险，因而不能被分散掉。

（　　　）4. 系统性风险不能通过证券投资组合来削减。

（　　　）5. 通货膨胀情况下，债券比股票能更好地避免购买力风险。

（　　　）6. 由两种完全正相关的股票组成的证券组合不能抵消任何风险。

（　　　）7. 在计算长期证券收益率时，应考虑资金时间价值因素。

（　　　）8. 就风险而言，从大到小的排列顺序为：金融证券、公司证券、政府证券。

（　　　）9. 市场风险是指影响所有企业的风险，它不能通过投资组合分散掉。

（　　　）10. 投资基金的收益率是通过基金净资产的价值变化来衡量的。

（　　　）11. 购买国债虽然违约风险小，也几乎没有破产风险，但仍会面临利息率风险和购
　　　　　　　 买力风险。

（　　　）12. 证券组合风险的大小，等于组合中各个证券风险的加权平均数。

（　　　）13. 根据财务管理理论，按照三阶段模型估算的普通股价值，等于股利高速增长阶
　　　　　　　 段现值、股利固定增长阶段现值和股利固定不变阶段现值之和。

（　　　）14. 在风险分散过程中，随着资产组合中资产数目的增加，分散风险的效应会越来
　　　　　　　 越明显。

（　　）15. 随着折现率的提高，未来某一款项的现值将逐渐增加。

（　　）16. 其他条件不变的情况下，企业财务风险大，投资者要求的预期报酬率就高，企业股票价值就相应越低。

（　　）17. 一般认为，企业进行短期债券投资的主要目的是控制被投资企业。

（　　）18. 已知某证券的 β 系数等于 0.5，则表明该证券无风险。

（　　）19. 面值为 60 元的普通股票，预计年固定股利收入为 6 元，如果折现率为 8%，那么，准备长期持有该股票的投资者能接受的购买价格为 60 元。

（　　）20. β 系数反映的是公司特有风险，β 系数越大，则公司特有风险越大。

四、业务分析题

业务分析题一

（一）目的：掌握债券投资收益率和债券价值的计算。

（二）资料：

已知：A 公司拟购买某公司债券作为长期投资（打算持有至到期日），要求的必要收益率为 6%。现有三家公司同时发行 5 年期，面值均为 1 000 元的债券。其中：甲公司债券的票面利率为 8%，每年付息一次，到期还本，债券发行价格为 1 041 元；乙公司债券的票面利率为 8%，单利计息，到期一次还本付息，债券发行价格为 1 050 元；丙公司债券的票面利率为零，债券发行价格为 750 元，到期按面值还本。

部分资金时间价值系数见表 6-1。

表 6-1

利息	时间价值系数	
	$(P/F, i, 5)$	$(P/A, i, 5)$
5%	0.783 5	4.329 5
6%	0.747 3	4.212 4
7%	0.713 0	4.100 2
8%	0.680 6	3.992 7

（三）要求：

1. 计算 A 公司购入甲公司债券的价值和收益率。

2. 计算 A 公司购入乙公司债券的价值和收益率。

3. 计算 A 公司购入丙公司债券的价值。

4. 根据上述计算结果，评价甲、乙、丙三种公司债券是否具有投资价值，并为 A 公司作出购买何种债券的决策。

5. 若 A 公司购买并持有甲公司债券，1 年后将其以 1 050 元的价格出售，计算该项投资收益率。

业务分析题二

（一）目的：计算股票投资价值并作出相应决策。

（二）资料：

甲企业计划利用一笔长期资金投资购买股票。现有 M 公司股票和 N 公司股票可供选择，甲企业只准备投资一家公司股票。已知 M 公司股票现行市价为每股 9 元，上年每股股利为 0.15 元，预计以后每年以 6% 的增长率增长。N 公司股票现行市价为每股 7 元，上年每股股利为 0.60 元，股利分配政策将一贯坚持固定股利政策。甲企业所要求的投资必要报酬率为 8%。

（三）要求：

1. 利用股票估价模型，分别计算 M、N 公司股票价值。

2. 代甲企业作出股票投资决策。

业务分析题三

（一）目的：利用资本资产定价模型确定股票及其组合的收益率和风险。

（二）资料：

某公司拟进行股票投资，计划购买 A、B、C 三种股票，并分别设计了甲、乙两种投资组合。已知三种股票的 β 系数分别为 1.5、1.0 和 0.5，它们在甲种投资组合下的投资比重为 50%、30% 和 20%；乙种投资组合的风险收益率为 3.4%。同期市场上所有股票的平均收益率为 12%，无风险收益率为 8%。

（三）要求：

1. 根据 A、B、C 股票的 β 系数，分别评价这三种股票相对于市场投资组合而言的投资风险大小。

2. 按照资本资产定价模型计算 A 股票的必要收益率。

3. 计算甲种投资组合的 β 系数和风险收益率。

4. 计算乙种投资组合的 β 系数和必要收益率。

5. 比较甲、乙两种投资组合的 β 系数，评价它们的投资风险大小。

业务分析题四

（一）目的：计算基金报价及其收益率。

（二）资料：

ABC 公司是一家基金公司，相关资料如下：

资料一：2020 年 1 月 1 日，ABC 公司的基金资产总额（市场价值）为 27 000 万元，其负债总额（市场价值）为 3 000 万元，基金份数为 8 000 万份。在基金交易中，该公司收取首次认购费和赎回费，认购费率为基金资产净值的 2%，赎回费率为基金资产净值的 1%。

资料二：2020 年 12 月 31 日，ABC 公司按收盘价计算的资产总额为 26 789 万元，其负债总额为 345 万元，已售出 10 000 万份基金单位。

资料三：假定 2020 年 12 月 31 日，某投资者持有该基金 2 万份，到 2021 年 12 月 31 日，该基金投资者持有的份数不变，预计此时基金单位净值为 3.05 元。

（三）要求：

1. 根据资料一计算 2020 年 1 月 1 日 ABC 公司的下列指标：①基金净资产价值总额；

②基金单位净值；③基金认购价；④基金赎回价。

2. 根据资料二计算 2020 年 12 月 31 日的 ABC 公司基金单位净值。

3. 根据资料三计算 2021 年该投资者的预计基金收益率。

业务分析题五

（一）目的：计算投资组合的收益率。

（二）资料：

已知：现行国库券的利率为 5%，证券市场组合平均收益率为 15%，市场上 A、B、C、D 四种股票的 β 系数分别为 0.91、1.17、1.8 和 0.52；B、C、D 股票的必要收益率分别为 16.7%、23% 和 10.2%。

（三）要求：

1. 采用资本资产定价模型计算 A 股票的必要收益率。

2. 计算 B 股票价值，为拟投资该股票的投资者做出是否投资的决策，并说明理由。假定 B 股票当前每股市价为 15 元，最近一期发放的每股股利为 2.2 元，预计年股利增长率为 4%。

3. 计算 A、B、C 投资组合的 β 系数和必要收益率。假定投资者购买 A、B、C 三种股票的比例为 1 : 3 : 6。

4. 已知按 3 : 5 : 2 的比例购买 A、B、D 三种股票，所形成的 A、B、D 投资组合的 β 系数为 0.96，该组合的必要收益率为 14.6%；如果不考虑风险大小，请在 A、B、C 和 A、B、D 两种投资组合中做出投资决策，并说明理由。

第七章
营运资金管理

【本章学习目标】

1. 理解营运资金的含义及其特点，能够结合企业具体情况设计执行最佳的营运资金政策；
2. 了解持有现金的动机和成本，能够用多种方法确定企业的最佳现金持有量和日常管理；
3. 了解信用政策的内涵及其作用，能够制定合理的信用政策；
4. 了解经济订货批量模型及其意义，能够用经济订货批量模型确定企业存货数量。

【本章重点与难点】

1. 营运资金含义，营运资金的特点；
2. 现金管理，最佳现金持有量，存货模式，成本模式，现金收款管理，现金支出管理；
3. 信用政策，信用期限，现金折扣政策，收账政策，机会成本，收账费用，坏账损失，信用政策净收益；
4. 存货，经济进货批量，订货提前期，保险储备。

【知识点回顾】

第一节　营运资金概述

一、营运资金的含义

营运资金是指在企业生产经营活动中占用在流动资产上的资金。

二、营运资金的特点

营运资金的特点如下：

①营运资金周转期短；②营运资金形态波动大；③营运资金变现性强；④营运资金来源多而灵活。

第二节　现金管理

一、持有现金的动机

持有现金的动机总结见表 7-1。

表 7-1

动机	含义	影响因素
交易性需求	企业为了维持日常周转及正常商业活动所需持有的现金额	（1）向客户提供的商业信用条件（同向） （2）从供应商那里获得的信用条件（反向） （3）业务的季节性
预防性需求	企业需要维持充足现金，以应付突发事件	（1）企业愿冒缺少现金风险的程度 （2）企业预测现金收支可靠的程度 （3）企业临时融资的能力
投机性需求	企业为了抓住突然出现的获利机会而持有的现金	金融市场投资机会

二、持有现金的成本

（一）机会成本

机会成本是指因持有现金而丧失的再投资收益，一般可用企业投资收益率来表示。机会成本一般与现金持有量成正比。

（二）管理成本

管理成本是指企业为管理现金而发生的管理费用。管理成本具有固定成本的性质，它与现金持有量之间无明显的比例关系。

（三）转换成本

转换成本是指现金与有价证券转换过程中所发生的交易费用，如经纪人佣金、税金、证券过户费等。转换成本一般只与交易的次数有关，而与现金持有量的多少无关。

（四）短缺成本

短缺成本是指企业因现金短缺而遭受的损失。短缺成本随现金持有量的增加而下降，即与现金持有量负相关。

三、最佳现金持有量的确定

确定最佳现金持有量的模式主要有成本分析模式和存货模式。

（一）成本分析模式

成本分析模式下相关成本与现金持有量的关系及决策原则见表 7-2。

表 7-2

项目	相关成本		
	机会成本	管理成本	短缺成本
与现金持有量的关系	正比例变动	无明显的比例关系 （固定成本）	反向变动
决策原则	最佳现金持有量是使上述三项成本之和最小的现金持有量。 最佳现金持有量 =min（管理成本 + 机会成本 + 短缺成本）		

（二）存货模式

存货模式下最佳现金持有量的计算公式为：

$$最佳现金持有量 C=\sqrt{\frac{2\times T\times F}{K}}$$

$$最小相关总成本 =\sqrt{2\times T\times F\times K}$$

四、现金的日常管理

（一）收款管理

一个高效率的收款系统能够使收款成本和收款浮动期达到最小，同时能够保证与客户汇款及其他现金流入来源相关信息的质量。收款管理因素及内容见表 7-3。

表 7-3

因素	内容
收款系统成本	（1）浮动期成本（机会成本） （2）管理收款系统相关费用 （3）第三方处理费用或清算相关费用
收款浮动期	收款浮动期是指从支付开始到企业收到资金的时间间隔。收款浮动期主要是纸基支付工具导致的，有下列三种类型： （1）邮寄浮动期：从付款人寄出支票到收款人或收款人的处理系统收到支票的时间间隔。 （2）处理浮动期：是指支票的接受方处理支票和将支票存入银行以收回现金所花的时间。 （3）结算浮动期：是指通过银行系统进行支票结算所需的时间
信息质量	付款人的姓名、付款的内容和付款时间。信息要求及时、准确地到达收款人一方，以便收款人及时处理资金，做出发货的安排

（二）付款管理

延缓现金支出的策略见表 7-4。

表 7-4

延缓现金支出的策略	说明
使用现金浮游量	现金浮游量是指由于企业提高收款效率和延长付款时间所产生的企业账户上的现金余额和银行账户上的企业存款余额之间的差额
推迟应付款的支付	推迟应付款的支付是指企业在不影响自己信誉的前提下，充分运用供货方所提供的信用优惠，尽可能地推迟应付款的支付期
汇票代替支票	与支票不同的是，承兑汇票并不是见票即付。它推迟了企业调入资金支付汇票实际所需的时间
改进员工工资支付模式	企业可以为支付工资专门设立一个工资账户，通过银行向职工支付工资
透支	企业开出支票的金额大于活期存款余额
争取现金流出与现金流入同步	企业应尽量使现金流出与流入同步，这样，就可以降低交易性现金余额，同时可以减少有价证券转换为现金的次数，提高现金的利用效率，节约转换成本
使用零余额账户	企业与银行合作，保持一个主账户和一系列子账户。企业只在主账户保持一定的安全储备，而在一系列子账户不需要保持安全储备

第三节　应收账款管理

一、应收账款的成本

（一）机会成本（应收账款占用资金的应计利息）

应收账款的机会成本 = 日赊销额 × 应收账款平均收现期 × 变动成本率 × 资本成本率

（二）管理成本

应收账款的管理成本主要指收账费用。

（三）坏账成本

应收账款的坏账成本是指应收账款无法收回而给企业造成的损失。坏账成本一般用以下公式测算：

$$坏账成本 = 赊销额 × 预计坏账率$$

二、信用政策的制定

（一）应收账款信用政策的主要内容

应收账款信用政策的主要内容见表 7-5。

表 7-5

内容	含义
信用标准	信用标准，是指客户获得企业商业信用所应具备的最低条件，通常以预期的坏账损失率表示。信用认可标准代表企业愿意承担的最大的付款风险的金额
信用条件	信用条件是销货企业要求赊购客户支付货款的时间，由信用期限、折扣期限和现金折扣三个要素组成。信用期限，是指企业允许客户从购货到付款之间的时间，即企业为客户规定的最长付款期限。现金折扣是企业为了鼓励客户尽早（在规定的期限内）付款而给予的价格扣减。现金折扣包括两方面的内容，一是折扣期限；二是折扣率
收账政策	收账政策是指企业针对客户违反信用条件时，企业所采取的收账策略和措施

（二）信用标准确定

1. 5C 信用评价系统（以下简称"5C"系统）

企业在设定某一顾客的信用标准时，往往先要评估他赖账的可能性。这可以通过"5C"系统来进行。信用品质的五个方面见表 7-6。

表 7-6

信用品质的五个方面	
品质	品质指个人申请人或企业申请人管理者的诚实和正直表现
能力	能力反映的是企业或个人在其债务到期时可以用于偿债的当前和未来的财务资源。可以使用流动比率和现金流预测等方法
资本	资本是指如果企业或个人当前的现金流不足以还债，他们在短期和长期内可供使用的财务资源
抵押	当企业或个人不能满足还款条款时，可以用作债务担保的资产或其他担保物
条件	条件指影响顾客还款能力和还款意愿的经济环境，对申请人的这些条件进行评价以决定是否给其提供信用

2. 信用的定量分析

企业进行商业信用的定量分析可以从考察信用申请人的财务报表开始。通常使用比率分析法评价顾客的财务状况。各考核指标类别见表 7-7。

表 7-7

考核指标类别	具体指标
流动性和营运资本比率	流动比率、速动比率以及现金对负债总额比率
债务管理和支付比率	利息保障倍数、长期债务对资本比率、带息债务对资产总额比率，以及负债总额对资产总额比率
盈利能力指标	销售回报率、总资产回报率和净资产收益率

（三）制定信用条件

应收账款信用政策决策见表 7-8。

表 7-8

总额分析法	差量分析法
（1）计算各个方案的收益： ＝销售收入－变动成本＝边际贡献＝销售量 × 单位边际贡献 【注意】固定成本如有变化应予以考虑	（1）计算收益的增加： ＝增加的销售收入－增加的变动成本＝增加的边际贡献＝销售量的增加 × 单位边际贡献 【注意】如果固定成本有变化，还应该减去增加的固定成本
（2）计算各个方案实施信用政策的成本： 第一，计算占用资金的应计利息。 ① 应收账款占用资金应计利息＝应收账款占用资金 × 资本成本 其中：应收账款占用资金＝应收账款平均余额 × 变动成本率＝日赊销额 × 信用期间或平均收现期 × 变动成本率 ② 应付账款占用资金的应计利息减少 ＝应付账款占用资金 × 资本成本 其中：应付账款占用资金＝应付账款平均余额 第二，计算收账费用和坏账损失。 第三，计算折扣成本（若提供现金折扣时） 折扣成本＝赊销额 × 折扣率 × 享受折扣的客户比率	（2）计算实施信用政策成本的增加： 第一，计算占用资金的应计利息增加。 第二，计算收账费用和坏账损失增加。 第三，计算折扣成本的增加（若提供现金折扣时）
（3）计算各方案税前损益＝收益－成本费用	（3）计算改变信用政策增加的税前损益＝收益增加－成本费用增加
决策原则：选择税前损益最大的方案为优	决策原则：如果改变信用政策增加的税前损益大于 0，可以改变

三、应收账款的日常管理

（一）信用调查

信用调查是指收集和整理反映客户信用状况的有关资料的工作。信用调查方法见表 7-9。

表 7-9

方法	含义	特点
直接调查	直接调查是指调查人员通过与被调查单位进行直接接触，通过当面采访、询问、观看等方式获取信用资料的一种方法	可以保证收集资料的准确性和及时性，但也有一定的局限，往往获得的是感性资料，同时若不能得到被调查单位的配合，则会使调查工作难以开展
间接调查	间接调查是以被调查单位以及其他单位保存有关原始记录和核算资料为基础，通过加工整理获得被调查单位信用资料的一种方法	

（二）应收账款的账龄分析

应收账款的账龄分析主要是通过定期编制应收账款账龄分析表来进行的。

（三）应收账款回收

企业对不同拖欠时间的账款和不同信用品质的客户，应采用不同的收账方法，制定出经济可行的收账方案。

第四节 存货管理

一、存货的成本

存货成本的构成见图 7-1。

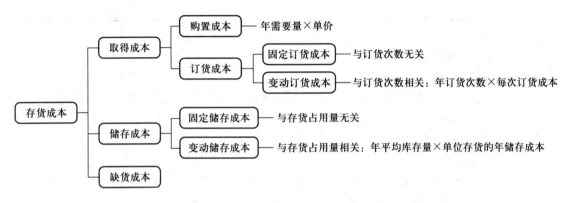

图 7-1

二、存货经济批量模型

（一）经济订货模型

1. 决策相关成本（见图 7-2）

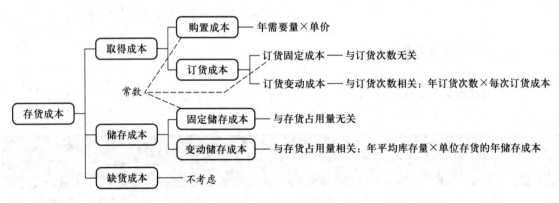

图 7-2

（1）变动储存成本 = 年平均库存量 × 单位存货的年储存成本（也称单位存货的持有费率）

（2）变动订货成本 = 年订货次数 × 每次订货成本 = $\dfrac{D}{Q} \times K$

2. 基本公式（见表 7-10）

表 7-10

基本公式

① 经济订货批量：$EOQ=\sqrt{\dfrac{2KD}{K_C}}$

② 存货相关总成本 = 变动订货成本 + 变动储存成本

$TC=K\times\dfrac{D}{Q}+\dfrac{Q}{2}\times K_C$

$TC=\sqrt{2KDK_C}$

（二）保险储备

1. 保险储备的含义

为防止缺货造成的损失，就需要多储备一些存货以备应急之需，称为保险储备。

2. 合理保险储备的确定原则

最佳的保险储备应该是使缺货损失和保险储备的持有成本之和达到最低。

3. 再订货点

（1）再订货点的含义：指企业再次发出订货单时尚有存货的库存量。

（2）考虑保险储备的再订货点的确定：

按照某一订货量和再订货点发出订单后，如果需求增大或送货延迟，就会发生缺货或供货中断。为防止由此造成的损失，就需要多储备一些存货以备应急之需。

不考虑保险储备的再订货点 = 预计交货期内的需求

= 交货时间 × 平均日需求

考虑保险储备的再订货点 = 预计交货期内的需求 + 保险储备

= 交货时间 × 平均日需求 + 保险储备

三、存货的日常管理

ABC 控制系统见表 7-11。

表 7-11

项目	特征	分类标准		管理方法
		价值大小或者资金占用	品种数量	
A 类	金额巨大，品种数量较少	50% 至 70%	10% 至 15%	实行重点控制、严格管理
B 类	金额一般，品种数量相对较多	15% 至 20%	20% 至 25%	对 B 类和 C 类库存的重视程度则可依次降低，采取一般管理
C 类	金额很小，但品种数量繁多	10%	70%	

【典型题例分析】

一、单项选择题

1. 下列各项中，属于应收账款机会成本的是（　　　）。
   A. 应收账款占用资金的应计利息　　　　B. 客户资信调查费用
   C. 坏账损失　　　　　　　　　　　　　D. 收账费用

   【答案】A

   【解析】应收账款占用资金的应计利息属于应收账款机会成本。

2. 下列有关流动资产的投资战略的说法中，错误的是（　　　）。
   A. 在紧缩的流动资产投资战略下，一个公司维持低水平的流动资产—销售收入比率
   B. 紧缩的流动资产投资战略可能是最有利可图的，只要不可预见的事件没有损坏公司的流动性以致导致严重的问题
   C. 对流动资产的高投资可能导致较低的投资收益率，但由于有较大的流动性，企业的运营风险较大
   D. 在宽松的流动资产投资战略下，一个公司维持较高水平的流动资产—销售收入比率

   【答案】C

   【解析】流动性和风险性是反方向的变动关系，流动性越大，风险越低，所以选项C不正确；在紧缩的流动资产战略下，一个公司维持低水平的流动资产—销售收入比率，选项A正确；紧缩的流动资产投资战略可能是最有利可图的，只要不可预见的事件没有损坏公司的流动性以致导致严重的问题，选项B正确；在宽松的流动资产投资战略下，一个公司维持高水平的流动资产—销售收入比率，选项D正确。

3. 某企业拥有流动资产120万元（其中永久性流动资产40万元），长期融资260万元，短期融资50万元，则以下说法正确的是（　　　）。
   A. 该企业采取的是激进融资战略　　　　B. 该企业采取的是保守融资战略
   C. 该企业的风险和收益居中　　　　　　D. 该企业的风险和收益较高

   【答案】B

   【解析】该企业的波动性流动资产 =120-40=80（万元），大于短期融资50万元，所以该企业采取的是保守的融资战略，这种类型战略的收益和风险均较低，所以本题的答案为选项B。

二、多项选择题

1. 赊销在企业生产经营中所发挥的作用有（　　　　　）。
   A. 增加现金　　　B. 减少存货　　　C. 促进销售　　　D. 减少借款

   【答案】BC

【解析】本题考查的是应收账款的功能：促进销售；减少存货。

2. 营运资金的管理是企业财务管理工作的一项重要内容，营运资金的管理原则包括（　　　　）。

　　A. 保证合理的资金需求　　　　　　　B. 提高资金使用效率

　　C. 节约资金使用成本　　　　　　　　D. 保持足够的短期偿债能力

【答案】ABCD

【解析】企业进行营运资金管理，应遵循以下原则：①保证合理的资金需求；②提高资金使用效率；③节约资金使用成本；④保持足够的短期偿债能力。所以本题的四个选项都是正确的。

3. 下列关于流动资产投资战略的说法中，正确的有（　　　　）。

　　A. 对于不同的产业和公司规模，流动资产与销售额的比率的变动范围非常大

　　B. 公司的不确定性决定了在流动资产账户上的投资水平

　　C. 如果公司管理是保守的，它将选择一个高水平的流动资产—销售收入比率

　　D. 如果管理者偏向于为了产生更高的盈利能力而承担风险，它将以一个低水平的流动资产－销售收入比率来运营

【答案】ACD

【解析】公司的不确定性和忍受风险的程度决定了在流动资产账户上的投资水平，所以选项B不正确。对于不同的产业和公司规模，流动资产与销售额的比率的变动范围非常大；一个公司必须选择与其业务需要和管理风格相符合的流动资产投资战略。如果公司管理是保守的，它将选择一个高水平的流动资产—销售收入比率，这将导致更高的流动性（安全性），但更低的盈利能力；然而，如果管理者偏向于为了产生更高的盈利能力而承担风险，那么它将以一个低水平的流动资产—销售收入比率来运营。所以选项A、C、D正确。

三、判断题

1. 企业之所以持有一定数量的现金，主要是出于交易动机、预防动机和投机动机。（　　）

【答案】√

【解析】企业之所以持有一定数量的现金，主要是基于三个方面的动机：交易动机、预防动机和投机动机。

2. 营运资金的管理是指流动资产的管理。（　　）

【答案】×

【解析】营运资金的管理既包括流动资产的管理，也包括流动负债的管理。

3. 存货管理的目标，就是要尽力降低存货成本。（　　）

【答案】×

【解析】存货管理的目标，就是要尽力在各种存货成本与存货效益之间做出权衡，在充分发挥存货功能的基础上，降低存货成本，实现两者的最佳结合。

【职业能力训练】

一、单项选择题

1. 利用成本分析模式确定最佳现金持有量时，不予考虑的因素是（　　）。
   A. 持有现金的机会成本　　　　　　　B. 现金短缺成本
   C. 现金与有价证券的转换成本　　　　D. 现金管理费用

2. 下列各项中，属于应收账款机会成本的是（　　）。
   A. 应收账款占用资金的应计利息　　　B. 客户资信调查费用
   C. 坏账损失　　　　　　　　　　　　D. 收账费用

3. 采用 ABC 法对存货进行控制时，应当重点控制的是（　　）。
   A. 数量较多的存货　　　　　　　　　B. 占用资金较多的存货
   C. 品种较多的存货　　　　　　　　　D. 库存时间较长的存货

4. 下列各项中，属于现金支出管理方法的是（　　）。
   A. 银行业务集中法　　　　　　　　　B. 合理运用"浮游量"
   C. 账龄分析法　　　　　　　　　　　D. 邮政信箱法

5. 下列关于流动资产和流动负债的说法中，错误的是（　　）。
   A. 流动资产具有占有时间短、周转快、收益高等特点
   B. 企业拥有较多的流动资产，可在一定程度上降低财务风险
   C. 流动负债又称短期负债，具有成本低、偿还期短的特点
   D. 流动负债以应付金额是否确定为标准，可以分成应付金额确定的流动负债和应付金额不确定的流动负债

6. 企业进行短期债券投资的主要目的是（　　）。
   A. 调节现金余缺、获取适当收益　　　B. 获得对被投资企业的控制权
   C. 增加资产流动性　　　　　　　　　D. 获得稳定收益

7. 假设某企业预测的年赊销额为 2 000 万元，应收账款平均收账天数为 45 天，变动成本率为 60%，资金成本率为 8%，一年按 360 天计，则应收账款的机会成本为（　　）万元。
   A. 250　　　　　B. 200　　　　　C. 15　　　　　D. 12

8. 以下各项与存货有关的成本费用中，不影响经济进货批量的是（　　）。
   A. 专设采购机构的基本开支　　　　　B. 采购员的差旅费
   C. 存货资金占用费　　　　　　　　　D. 存货的保险费

9. （　　）不属于企业应收账款成本内容。
   A. 机会成本　　　B. 管理成本　　　C. 短缺成本　　　D. 坏账成本

10. 在营运资金管理中，企业将"从收到尚未付款的材料开始，到以现金支付该货款之间所用的时间"称为（　　）。
    A. 现金周转期　　　　　　　　　　　B. 应付账款周转期

    C. 存货周转期　　　　　　　　　　　D. 应收账款周转期

11. 企业评价客户等级，决定给予或拒绝客户信用的依据是（　　　）。
    A. 信用标准　　　　B. 收账政策　　　　C. 信用条件　　　　D. 信用政策

12. 某企业全年必要现金支付额 2 000 万元，除银行同意在 10 月份贷款 500 万元外，其他稳定可靠的现金流入为 500 万元，企业应收账款总额为 2 000 万元，则应收账款收现保证率为（　　　）。
    A. 25%　　　　　　B. 50%　　　　　　C. 75%　　　　　　D. 100%

13. （　　　）可用于计算营运资金。
    A. 资产总额 – 负债总额　　　　　　　B. 流动资产总额 – 负债总额
    C. 流动资产总额 – 流动负债总额　　　D. 速动资产总额 – 流动负债总额

14. 信用标准是客户获得企业商业信用所具备的最低条件，通常表示为（　　　）。
    A. 预期的现金折扣率　　　　　　　　B. 预期的坏账损失率
    C. 现金折扣期限　　　　　　　　　　D. 信用期限

15. 下列各项中，不直接影响保险储备量计算的是（　　　）。
    A. 平均每天正常耗用量　　　　　　　B. 预计最长订货提前期
    C. 预计每天最小耗用量　　　　　　　D. 正常订货提前期

16. 下列各项中，与丧失现金折扣的机会成本呈反向变化的是（　　　）。
    A. 现金折扣率　　　B. 折扣期　　　　　C. 信用标准　　　　D. 信用期

17. 运用成本模型计算最佳现金持有量时，下列公式中，正确的是（　　　）。
    A. 最佳现金持有量 =min（管理成本＋机会成本＋转换成本）
    B. 最佳现金持有量 =min（管理成本＋机会成本＋短缺成本）
    C. 最佳现金持有量 =min（机会成本＋经营成本＋转换成本）
    D. 最佳现金持有量 =min（机会成本＋经营成本＋短缺成本）

18. 下列各项中，不属于现金支出管理措施的是（　　　）。
    A. 推迟支付应付款　　　　　　　　　B. 企业社会责任
    C. 以汇票代替支票　　　　　　　　　D. 争取现金收支同步

19. 某公司按照 2/20，n/60 的条件从另一公司购入价值 1 000 万元的货物，由于资金调度的限制，该公司放弃了获取 2% 现金折扣的机会，公司为此承担的信用成本率是（　　　）。
    A. 2.00%　　　　　B. 12.00%　　　　　C. 12.24%　　　　　D. 18.37%

20. 根据经济订货批量的基本模型，下列各项中，可能导致经济订货批量提高的是（　　　）。
    A. 每期对存货的总需求降低　　　　　B. 每次订货费用降低
    C. 每期单位存货存储费降低　　　　　D. 存货的采购单价降低

二、多项选择题

1. 企业在确定为应付紧急情况而持有现金数额时，需考虑的因素有（　　　）。
    A. 企业销售水平的高低　　　　　　　B. 企业临时举债能力的强弱
    C. 金融市场投资机会的多少　　　　　D. 企业现金流量预测的可靠程度

2. 应收账款信用条件的组成要素有（　　　　　）。

    A. 信用期限　　　　　B. 现金折扣期　　　　C. 现金折扣率　　　　D. 商业折扣

3. 存货的主要成本包括（　　　　　）。

    A. 进货成本　　　　　B. 缺货成本　　　　　C. 储存成本　　　　　D. 管理成本

4. 企业为应付紧急情况所持有的现金余额主要取决于（　　　　　）。

    A. 企业愿意承担风险的程度　　　　　　B. 企业临时举债能力的强弱

    C. 企业对现金流量预测的可靠程度　　　D. 企业的销售水平

5. 货币资金日常管理应注意（　　　　　）。

    A. 缩短收款时间　　　　　　　　　　　B. 推迟付款日期

    C. 利用闲置资金　　　　　　　　　　　D. 尽量不用货币资金

6. 持有过量现金可能导致的不利后果不包括（　　　　　）。

    A. 财务风险加大　　　　　　　　　　　B. 收益水平下降

    C. 偿债能力下降　　　　　　　　　　　D. 资产流动性下降

7. 在企业应收账款管理中，明确规定了信用期限、折扣期限和现金折扣率等内容的是（　　　　　）。

    A. 客户资信程度　　　B. 收账政策　　　　C. 信用等级　　　　　D. 信用条件

8. 下列各项中，属于建立存货经济进货批量基本模型假设前提的有（　　　　　）。

    A. 一定时期的进货总量可以较为准确地预测

    B. 允许出现缺货

    C. 仓储条件不受限制

    D. 存货的价格稳定

9. 缺货成本指由于不能及时满足生产经营需要而给企业带来的损失，包括（　　　　　）。

    A. 商誉（信誉）损失　　　　　　　　　B. 延期交货的罚金

    C. 采取临时措施而发生的超额费用　　　D. 停工待料损失

10. 赊销在企业生产经营中所发挥的作用有（　　　　　）。

    A. 增加现金　　　　　B. 减少存货　　　　　C. 促进销售　　　　　D. 减少借款

11. 下列（　　　　　）属于存货的变动储存成本。

    A. 存货占用资金的应计利息　　　　　　B. 紧急额外购入成本

    C. 存货的破损变质损失　　　　　　　　D. 存货的保险费用

12. 缩短信用期有可能会使（　　　　　）。

    A. 销售额增加　　　　　　　　　　　　B. 应收账款减少

    C. 收账费用增加　　　　　　　　　　　D. 坏账损失减少

13. 存货的功能主要包括（　　　　　）。

    A. 防止停工待料　　　　　　　　　　　B. 适应市场变化

    C. 降低进货成本　　　　　　　　　　　D. 维持均衡生产

14. 运用成本分析模式确定最佳现金持有量时，持有现金的相关成本包括（　　　　　）。

    A. 机会成本　　　　　B. 转换成本　　　　　C. 短缺成本　　　　　D. 管理成本

15. 企业如果延长信用期限，可能导致的结果有（　　　　　）。

    A. 扩大当期销售　　　　　　　　　　B. 延长平均收账期

    C. 增加坏账损失　　　　　　　　　　D. 增加收账费用

16. 下列各项关于现金周转期的表述中，正确的有（　　　　　）。

    A. 减慢支付应付账款可以缩短现金周转期

    B. 产品生产周期的延长会缩短现金周转期

    C. 现金周转期一般短于存货周转期与应收账款周转期之和

    D. 现金周转期是介于公司支付现金与收到现金之间的时间段

17. 在确定因放弃现金折扣而发生的信用成本时，需要考虑的因素有（　　　　　）。

    A. 数量折扣百分比　　　　　　　　　B. 现金折扣百分比

    C. 折扣期　　　　　　　　　　　　　D. 信用期

18. ABC 分类的标准主要有（　　　　　）。

    A. 重量　　　　　　B. 金额　　　　　　C. 品种数量　　　　　　D. 体积

19. 决定存货经济进货批量的成本因素主要包括（　　　　　）。

    A. 变动性进货费用　　　　　　　　　B. 变动性储存成本

    C. 固定性储存成本　　　　　　　　　D. 允许缺货时的缺货成本

20. 应收账款的主要功能有（　　　　　）。

    A. 促进销售　　　　B. 阻碍销售　　　　C. 减少存货　　　　D. 增加存货

三、判断题

（　　）1. 企业营运资金余额越大，说明企业风险越小，收益率越高。

（　　）2. 营运资金就是流动资产。

（　　）3. 持有货币资金的成本包括持有成本、转换成本、短缺成本、管理成本。

（　　）4. 企业之所以持有一定数量的现金，主要是出于交易动机、预防动机和投机动机。

（　　）5. 能够使企业的进货费用、储存成本和缺货成本之和最低的进货批量，便是经济进
　　　　货批量。

（　　）6. 企业是否延长信用期限，应将延长信用期后增加的销售利润与增加的机会成本、
　　　　管理成本和坏账成本进行比较。

（　　）7. 与银行业务集中法相比较，邮政信箱法不仅可以加快现金回收，而且还可以降低
　　　　收账成本。

（　　）8. 根据期限匹配融资战略，固定资产比重较大的上市公司主要应通过长期负债和发
　　　　行股票筹集资金。

（　　）9. 增加收账费用，就会减少坏账损失，当收账费用增加到一定程度时，就不会发生
　　　　坏账损失。

（　　）10. 存货的取得成本是由购置成本和订货成本两部分构成的，这两部分成本都是实
　　　　　际发生的，都是存货控制决策中的相关成本。

（　　）11. 流动资金在企业正常经营中是必需的，企业的流动资金，特别是其中的货币资
　　　　　金越多越好。

（　　）12. 存货 ABC 控制法中，C 类物资是指数量少、价值低的物资。

（　　）13. 企业采用严格的信用标准，虽然会增加应收账款的机会成本，但能扩大商品销
　　　　　　售额，从而给企业带来更多的收益。

（　　）14. 在随机模型下，当现金余额在最高控制线和最低控制线之间波动时，表明企业
　　　　　　现金持有量处于合理区域，无须调整。

（　　）15. 企业的存货总成本随着订货批量的增加而呈正方向变化。

（　　）16. 催收账款费用属于应收账款管理成本。

（　　）17. 如果销售额不稳定且难以预测，则企业应保持较高的流动资产水平。

（　　）18. 应收账款的成本包括主营业务成本。

（　　）19. 应收账款占用资金的应计利息属于应收账款的机会成本。

（　　）20. 在其他因素不变的情况下，企业采用积极的收账政策，可能导致收账费用增加。

四、业务分析题

业务分析题一

（一）目的：利用存货模式计算最佳现金持有量。

（二）资料：

已知：某公司现金收支平稳，预计全年（按 360 天计算）现金需要量为 250 000
元，现金与有价证券的转换成本为每次 500 元，有价证券年利率为 10%。

（三）要求：

1. 计算最佳现金持有量。

2. 计算最佳现金持有量下的全年现金管理总成本、全年现金转换成本和全年现金持有
机会成本。

3. 计算最佳现金持有量下的全年有价证券交易次数和有价证券交易间隔期。

业务分析题二

（一）目的：利用成本模式确定最佳现金持有量。

（二）资料：

大力公司现有甲、乙、丙、丁四种现金持有量方案，它们各自的机会成本、短缺成本和
管理成本见表 7-12。

表 7-12

现金持有量备选方案　　　　　　　　金额单位：元

项目 ＼ 方案	甲	乙	丙	丁
现金持有量	60 000	120 000	180 000	240 000
机会成本率（%）	8	8	8	8
短缺成本	22 400	12 950	4 500	0
管理成本	45 000	45 000	45 000	45 000

注：假设该公司向有价证券投资的收益率为 8%。

（三）要求：

计算这四种现金持有量方案各自的总成本，进而为大力公司做出最佳现金持有量决策提供建议

业务分析题三

（一）目的：确定应收账款机会成本及投资额。

（二）资料：

某企业预测 2021 年度销售收入净额为 4 500 万元，现销与赊销比例为 1:4，应收账款平均收账天数为 60 天，变动成本率为 50%，企业的资金成本率为 10%。一年按 360 天计算。

（三）要求：

1. 计算 2021 年度赊销额。

2. 计算 2021 年度应收账款的平均余额。

3. 计算 2021 年度维持赊销业务所需要的资金额。

4. 计算 2021 年度应收账款的机会成本额。

5. 若 2021 年应收账款需要控制在 400 万元，在其他因素不变的条件下，应收账款平均收账天数应调整为多少天？

业务分析题四

（一）目的：比较确定应收账款信用政策。

（二）资料：

B 公司是一家制造类企业，产品的变动成本率为 60%，一直采用赊销方式销售产品，信用条件为 n/60。如果继续采用 n/60 的信用条件，预计 2021 年赊销收入净额为 1 000 万元，坏账损失为 20 万元，收账费用为 12 万元。

为扩大产品的销售量，B 公司拟将信用条件变更为 n/90。在其他条件不变的情况下，预计 2021 年赊销收入净额为 1 100 万元，坏账损失为 25 万元，收账费用为 15 万元。假定等风险投资最低报酬率为 10%，一年按 360 天计算，所有客户均于信用期满付款。

（三）要求：

1. 计算信用条件改变后 B 公司收益的增加额。

2. 计算信用条件改变后 B 公司应收账款成本增加额。

3. 为 B 公司做出是否应改变信用条件的决策并说明理由。

业务分析题五

（一）目的：利用经济订货批量进行存货决策。

（二）资料：

C 公司是一家冰箱生产企业，全年需要压缩机 360 000 台，均衡耗用。全年生产时间为 360 天，每次的订货费用为 160 元，每台压缩机持有费率为 80 元，每台压缩机的进价为 900 元。根据经验，压缩机从发出订单到进入可使用状态一般需要 5 天，保险储备量为 2 000 台。

（三）要求：

1. 计算经济订货批量。
2. 计算全年最佳订货次数。
3. 计算最低存货成本。
4. 计算再订货点。

第八章
收益分配管理

【本章学习目标】

1. 了解收益分配的意义、原则与程序，能够按合法的程序分配公司利润；

2. 理解不同股利政策的内涵，比较不同股利政策的适用范围，并选择适合公司的股利政策；

3. 了解股利分配的不同形式，能够根据企业的实际情况，选择适合的股利支付形式；

4. 了解股票股利和股票回购、股票分割的影响，能够分析股票股利、股票分割和股票回购对公司、股东的影响。

【本章重点与难点】

1. 收益分配管理的意义，收益分配原则，收益分配程序；

2. 剩余股利政策，固定或稳定增长股利政策，固定股利支付率政策，低正常价额外股利政策；

3. 股利支付形式，现金股利，股票股利，财产股利，负债股利，股利宣告日，股权登记日，除权日；

4. 股票分割，股票回购。

【知识点回顾】

第一节   收益分配概述

一、收益分配的原则和内容

收益分配原则和内容见图8-1。

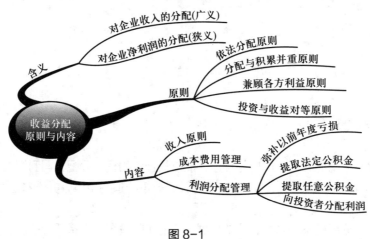

图8-1

二、收益分配管理的意义

（1）收益分配集中体现了企业所有者、经营者与职工之间的利益关系。

（2）收益分配是企业再生产的条件以及优化资本结构的重要措施。

（3）收益分配是国家建设资金的重要来源之一。

第二节   股利政策

股利分配的相关内容见图8-2。

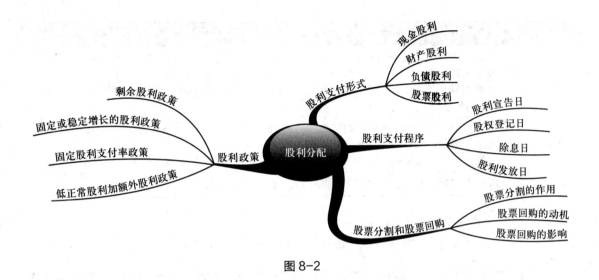

图 8-2

一、股利政策的类型

（一）剩余股利政策

剩余股利政策的含义、优缺点及适用情况见表 8-1。

表 8-1

项目	内容
含义	剩余股利政策是指公司在有良好的投资机会时，根据目标资本结构，测算出投资所需的权益资本额，先从盈余中留用，然后将剩余的盈余作为股利来分配，即净利润首先满足公司的权益资金需求，如果还有剩余，就派发股利；如果没有，则不派发股利
优点	净利润优先保证再投资的需要，有助于降低再投资的资金成本，保持最佳的资本结构，实现企业价值的长期最大化
缺点	①若完全遵照执行剩余股利政策，股利发放额就会每年随着投资机会和盈利水平的波动而波动。在盈利水平不变的前提下，股利发放额与投资机会的多寡呈反方向变动；而在投资机会维持不变的情况下，股利发放额将与公司盈利呈同方向变动。②剩余股利政策不利于投资者安排收入与支出，也不利于公司树立良好的形象
适用情况	一般适用于公司初创阶段

（二）固定或稳定增长的股利政策

固定或稳定增长的股利政策的含义、优缺点及适用情况见表 8-2。

表 8-2

项目	内容
含义	固定或稳定增长的股利政策是指公司将每年派发的股利额固定在某一特定水平或是在此基础上维持某一固定比率逐年稳定增长。公司只有在确信未来盈余不会发生逆转时才会宣布实施固定或稳定增长的股利政策

项目	内容
优点	（1）稳定的股利向市场传递着公司正常发展的信息，有利于树立公司的良好形象，增强投资者对公司的信心，稳定股票的价格 （2）稳定的股利额有助于投资者安排股利收入和支出，有利于吸引那些打算进行长期投资并对股利有很高依赖性的股东
缺点	（1）股利的支付与企业的盈利相脱节，即不论公司盈利多少，均要支付固定的或按固定比率增长的股利，这可能会导致企业资金紧缺，财务状况恶化 （2）在企业无利可分的情况下，若依然实施固定或稳定增长的股利政策，也是违反《公司法》的行为
适用情况	通常适用于经营比较稳定或正处于成长期的企业，但很难被长期采用

（三）固定股利支付率政策

固定股利支付率政策的含义、优缺点及适用情况见表 8-3。

表 8-3

项目	内容
含义	固定股利支付率政策是指公司将每年净利润的某一固定百分比作为股利分派给股东。这一百分比通常称为股利支付率，股利支付率一经确定，一般不得随意变更
优点	（1）采用固定股利支付率政策，股利与公司盈余紧密地配合，体现了"多盈多分、少盈少分、无盈不分"的股利分配原则 （2）采用固定股利支付率政策，公司每年按固定的比例从税后利润中支付现金股利，从企业的支付能力的角度看，这是一种稳定的股利政策
缺点	（1）大多数公司每年的收益很难保持稳定不变，导致年度间的股利额波动较大，由于股利的信号传递作用，波动的股利很容易给投资者带来经营状况不稳定、投资风险较大的不良印象，成为公司的不利因素 （2）容易使公司面临较大的财务压力。这是因为公司实现的盈利多，并不能代表公司有足够的现金流用来支付较多的股利额 （3）合适的固定股利支付率的确定难度比较大
适用情况	由于公司每年面临的投资机会、筹资渠道都不同，而这些都可以影响到公司的股利分派，所以，一成不变地奉行固定股利支付率政策的公司在实际中并不多见，固定股利支付率政策只是比较适用于那些处于稳定发展且财务状况也较稳定的公司

（四）低正常股利加额外股利政策

低正常股利加额外股利政策的含义、优缺点及适用情况见表 8-4。

表 8-4

项目	内容
含义	低正常股利加额外股利政策，是指公司事先设定一个较低的正常股利额，每年除了按正常股利额向股东发放股利外，还在公司盈余较多、资金较为充裕的年份向股东发放额外股利。但是，额外股利并不固定化，不意味着公司永久地提高了股利支付率
优点	（1）赋予公司较大的灵活性，使公司在股利发放上留有余地，并具有较大的财务弹性。公司可根据每年的具体情况，选择不同的股利发放水平，以稳定和提高股价，进而实现公司价值的最大化 （2）使那些依靠股利度日的股东每年至少可以得到虽然较低但比较稳定的股利收入，从而吸引住这部分股东

续表

项目	内容
缺点	（1）由于年份之间公司盈利的波动使得额外股利不断变化，造成分派的股利不同，容易给投资者造成收益不稳定的感觉 （2）当公司在较长时间持续发放额外股利后，可能会被股东误认为"正常股利"，一旦取消，传递出的信号可能会使股东认为这是公司财务状况恶化的表现，进而导致股价下跌
适用情况	相对来说，对那些盈利随着经济周期而波动较大的公司或者盈利与现金流量很不稳定时，低正常股利加额外股利政策也许是一种不错的选择

二、股利分配方案的确定

（一）股利支付形式

1. 股利支付的形式（见表8-5）

表8-5

形式	说明
现金股利	现金股利是以现金支付的股利，它是股利支付的最常见的方式
财产股利	财产股利是以现金以外的其他资产支付的股利，主要是以公司所拥有的其他公司的有价证券，如债券、股票等，作为股利支付给股东
负债股利	负债股利是以负债方式支付的股利，通常以公司的应付票据支付给股东，有时也以发放公司债券的方式支付股利
股票股利	股票股利是公司以增发股票的方式所支付的股利

2. 股票股利（见表8-6）

表8-6

发放股票股利会影响的项目	发放股票股利不会影响的项目
（1）所有者权益的内部结构 （2）股票数量（增加） （3）每股收益（下降） （4）每股市价（下降）	（1）每股面值 （2）资本结构（资产总额、负债总额、股东权益总额均不变） （3）股东持股比例 （4）若盈利总额和市盈率不变，股票股利发放不会改变股东持股的市场价值总额

3. 发放股票股利的优点（见表8-7）

表8-7

股东角度	（1）有时股价并不成比例下降，可使股票价值相对上升 （2）由于股利收入和资本利得税税率的差异，如果股东把股票股利出售，还会给他带来资本利得纳税上的好处
公司角度	（1）不需要向股东支付现金，在再投资机会较多的情况下，公司就可以为再投资提供成本较低的资金，从而有利于公司的发展 （2）可以降低公司股票的市场价格，既有利于促进股票的交易和流通，又有利于吸引更多的投资者成为公司股东，进而使股权更为分散，有效地防止公司被恶意控制 （3）可以传递公司未来发展良好的信息，从而增强投资者的信心，在一定程度上稳定股票价格

（二）股利支付程序（见表 8-8）

表 8-8

股利宣告日	股东大会决议通过并由董事会将股利支付情况予以公告的日期
股权登记日	股权登记日即有权领取本期股利的股东资格登记截止日期。在这一天之后取得股票的股东则无权领取本次分派的股利
除息日	除息日即领取股利的权利与股票分离的日期。在除息日之前购买的股票才能领取本次股利，而在除息日当天或是以后购买的股票，则不能领取本次股利。由于失去了"付息"的权利，除息日的股票价格会下跌
股利发放日	公司按照公布的分红方案向股权登记日在册的股东实际支付股利的日期

第三节 股票分割与股票回购

一、股票分割

（一）股票分割的含义与作用（见表 8-9）

表 8-9

项目	内容
含义	股票分割又称拆股，即将一股股票拆分成多股股票的行为
作用	（1）降低股票价格 （2）向市场和投资者传递"公司发展前景良好"的信号，有助于提高投资者对公司股票的信心

【提示】反分割又称股票合并或逆向分割，是指将多股股票合并为一股股票的行为。反分割显然会降低股票的流通性，提高公司股票投资的门槛，它向市场传递的信息通常都是不利的。

（二）股票分割与股票股利的比较（见表 8-10）

表 8-10

内容	股票股利	股票分割
不同点	（1）面值不变 （2）股东权益结构变化（股本增加、未分配利润减少） （3）属于股利支付方式	（1）面值变小 （2）股东权益结构不变 （3）不属于股利支付方式
相同点	（1）普通股股数增加 （2）每股收益和每股市价下降 （3）资产总额、负债总额、股东权益总额不变	

二、股票回购

（一）股票回购的概念

股票回购是指上市公司出资将其发行在外的普通股以一定的价格购买回来予以注销或作为库存股的一种资本运作方式。

（二）股票回购的动机

在证券市场上，股票回购的动机多种多样，主要有以下几点：

（1）现金股利的替代。

（2）改变公司的资本结构。

（3）传递公司信息。

（4）基于控制权的考虑。

（三）股票回购的意义

（1）稳定公司股价。

（2）帮助股东从股票回购中获得少纳税或推迟纳税的好处。

（3）分配公司超额现金。

（4）反收购措施。

（5）改善资本结构，追求财务杠杆利益。

（四）股票回购的影响

（1）股票回购需要大量资金支付回购成本，容易造成资金紧张。

（2）股票回购无异于股东退股和公司资本的减少，忽视了公司的长远发展，损害了公司的根本利益。

（3）股票回购容易导致公司操纵股价。

（五）股票回购与股票分割（及股票股利）的比较（见表8-11）

表8-11

内容	股票回购	股票分割及股票股利
股票数量	减少	增加
每股市价	提高	降低
每股收益	提高	降低
资本结构	改变，提高财务杠杆水平	不影响
控制权	巩固既定控制权或转移公司控制权	不影响

【典型题例分析】

一、单项选择题

1. 相对于其他股利政策而言，既可以维持股利的稳定性，又有利于优化资本结构的股利政策是（　　）。

   A. 剩余股利政策　　　　　　　　B. 固定股利政策

   C. 固定股利支付率政策　　　　　D. 低正常股利加额外股利政策

   【答案】D

   【解析】低正常股利加额外股利政策的优点包括：具有较大的灵活性；既可以在一定程度上维持股利的稳定性，又有利于企业的资金结构达到目标资金结构，是灵活性与稳定性较好的相结合。

2. 收益分配的基本原则中，（　　）是正确处理投资者利益关系的关键。

 A. 依法分配原则   B. 兼顾各方面利益原则

 C. 分配与积累并重原则   D. 投资与收益对等原则

【答案】D

【解析】收益分配的基本原则包括：依法分配的原则；分配与积累并重原则；兼顾各方利益原则；投资与收益对等原则。其中投资与收益对等原则是正确处理投资者利益关系的关键。

3. 以下关于公司收益分配的说法中正确的有（　　）。

 A. 公司持有的本公司股份也可以分配利润

 B. 企业在提取公积金前向股东分配利润

 C. 公司的初创阶段和衰退阶段都适合采用剩余股利政策

 D. 只要有盈余就要提取法定盈余公积金

【答案】C

【解析】根据公司法的规定，公司持有的本公司股份不得分配利润，因此，选项 A 的说法不正确。当法定盈余公积金达到注册资本的 50% 时，可以不再提取，因此，选项 D 的说法不正确。股利分配程序为：①弥补企业以前年度亏损；②提取法定盈余公积金；③提取任意盈余公积金；④向股东（投资者）分配股利（利润）。由此可知，选项 B 的说法不正确。剩余股利政策的含义是：公司生产经营所获得的净利润首先应满足公司的资金需求，如果还有剩余，则派发股利；如果没有剩余，则不派发股利。在公司的初创阶段，公司经营风险高，有投资需求且融资能力差，所以，适用剩余股利政策；在公司的衰退阶段，公司业务锐减，获利能力和现金获得能力下降，因此，适用剩余股利政策。所以，选项 C 的说法正确。

二、多项选择题

1. 股东从保护自身利益的角度出发，在确定股利分配政策时应考虑的因素有（　　）。

 A. 避税   B. 控制权   C. 稳定收入   D. 规避风险

【答案】ABCD

【解析】股东出于对自身利益的考虑，在确定股利分配政策时应考虑的因素有：控制权考虑，避税考虑，稳定收入考虑和规避风险考虑。

2. 法定盈余公积可用于（　　）。

 A. 弥补亏损   B. 扩大公司生产经营

 C. 转增资本   D. 职工集体福利

【答案】ABC

【解析】法定盈余公积金提取后，根据企业的需要，可用于弥补亏损或转增资本，但企业用盈余公积金转增资本后，法定盈余公积金的余额不得低于转增前公司注册资本的 25%。提取法定盈余公积金的目的是为了增加企业内部积累，以利于企业扩大再生产。

3. 下列关于股票回购方式的说法正确的有（　　）。

 A. 公司在股票的公开交易市场上按照高出股票当前市场价格的价格回购

B. 公司在股票的公开交易市场上按照公司股票当前市场价格回购

C. 公司在特定期间向市场发出以高于股票当前市场价格的某一价格回购既定数量股票的要约

D. 公司以协议价格直接向一个或几个主要股东回购股票，协议价格一般高于当前的股票市场价格

【答案】BC

【解析】股票回购包括公开市场回购、要约回购及协议回购三种方式，在公开市场回购中，回购价格等于公司股票当前市场价格；在要约回购中，回购价格高于公司股票当前市场价格；在协议回购中，协议价格一般低于当前的股票市场价格。

三、判断题

1. 在除息日之前，股利权利从属于股票；从除息日开始，新购入股票的投资者不能分享本次已宣告发放的股利。（   ）

【答案】√

【解析】在除息日，股票的所有权和领取股息的权利分离，股利权利不再从属于股票，所以在这一天购入公司股票的投资者不能享有已宣布发放的股利。

2. 根据《公司法》的规定，法定盈余公积的提取比例为当年税后利润的10%。（   ）

【答案】×

【解析】根据《公司法》的规定，法定盈余公积的提取比例为当年税后利润（弥补亏损后）的10%。

3. 企业发放股票股利将使企业的利润下降。（   ）

【答案】×

【解析】发放股票股利会因普通股股数的增加而引起每股利润的下降，每股市价有可能因此而下跌。注意不是使企业的利润下降。

【职业能力训练】

一、单项选择题

1. 企业采用剩余股利政策进行收益分配的主要优点是（   ）。

   A. 有利于稳定股价   B. 获得财务杠杆利益

   C. 降低综合资金成本   D. 增强公众投资信心

2. 公司以股票形式发放股利，可能带来的结果是（   ）。

   A. 引起公司资产减少   B. 引起公司负债减少

   C. 引起股东权益内部结构变化   D. 引起股东权益与负债同时变化

3. 我国上市公司不得用于支付股利的权益资金是（   ）。

A. 资本公积　　　　　　　　　　B. 任意盈余公积

C. 法定盈余公积　　　　　　　　D. 上年未分配利润

4. 上市公司按照剩余政策发放股利的好处是（　　　）。

A. 有利于公司合理安排资金结构

B. 有利于投资者安排收入与支出

C. 有利于公司稳定股票的市场价格

D. 有利于公司树立良好的形象

5. 在下列股利政策中，股利与利润之间保持固定比例关系，体现风险投资与风险收益对等关系的是（　　　）。

A. 剩余政策　　　　　　　　　　B. 固定股利政策

C. 固定股利比例政策　　　　　　D. 正常股利加额外股利政策

6. 在下列公司中，通常适合采用固定股利政策的是（　　　）。

A. 收益显著增长的公司　　　　　B. 收益相对稳定的公司

C. 财务风险较高的公司　　　　　D. 投资机会较多的公司

7. 相对于其他股利政策而言，既可以维持股利的稳定性，又有利于优化资本结构的股利政策是（　　　）。

A. 剩余股利政策　　　　　　　　B. 固定股利政策

C. 固定股利支付率政策　　　　　D. 低正常股利加额外股利政策

8. 下列各项中，不属于股票回购方式的是（　　　）。

A. 用本公司普通股股票换回优先股

B. 与少数大股东协商购买本公司普通股股票

C. 直接购买本公司普通股股票

D. 向股东标购本公司普通股股票

9. 某企业在选择股利政策时，以代理成本和外部融资成本之和最小化为标准。该企业所依据的股利理论是（　　　）。

A. "在手之鸟"理论　　　　　　B. 信号传递理论

C. MM 理论　　　　　　　　　　D. 代理理论

10. 在下列各项中，计算结果等于股利支付率的是（　　　）。

A. 每股收益除以每股股利　　　　B. 每股股利除以每股收益

C. 每股股利除以每股市价　　　　D. 每股收益除以每股市价

11. 在下列股利分配政策中，能保持股利与收益之间一定的比例关系，并体现多盈多分、少盈少分、无盈不分原则的是（　　　）。

A. 剩余股利政策　　　　　　　　B. 固定或稳定增长股利政策

C. 固定股利支付率政策　　　　　D. 低正常股利加额外股利政策

12. 在下列各项中，能够增加普通股股票发行在外股数，但不改变公司资本结构的行为是（　　　）。

A. 支付现金股利　　B. 增发普通股　　C. 股票分割　　　D. 股票回购

13. 在确定企业的收益分配政策时，应当考虑相关因素的影响，其中"资本保全约束"属于

（ ）。

 A. 股东因素   B. 公司因素

 C. 法律因素   D. 债务契约因素

14. 如果上市公司以其应付票据作为股利支付给股东，则这种股利的方式称为（ ）。

 A. 现金股利   B. 股票股利   C. 财产股利   D. 负债股利

15. 某公司近年来经营业务不断拓展，目前处于成长阶段，预计现有的生产经营能力能够满足未来10年稳定增长的需要，公司希望其股利与公司盈余紧密配合。基于以上条件，最为适宜该公司的股利政策是（ ）。

 A. 剩余股利政策   B. 固定股利政策

 C. 固定股利支付率政策   D. 低正常股利加额外股利政策

16. 企业的收益分配有狭义和广义之分，下列各项中，属于狭义收益分配的是（ ）。

 A. 企业收入的分配   B. 企业净利润的分配

 C. 企业产品成本的分配   D. 企业职工薪酬的分配

17. 下列关于股利分配政策的表述中，正确的是（ ）。

 A. 公司盈余的稳定程度与股利支付水平负相关

 B. 偿债能力弱的公司一般不应采用高现金股利政策

 C. 基于控制权的考虑，股东会倾向于较高的股利支付水平

 D. 债权人不会影响公司的股利分配政策

18. 股利的支付可减少管理层可支配的自由现金流量，在一定程度上和抑制管理层的过度投资或在职消费行为。这种观点体现的股利理论是（ ）。

 A. 股利无关理论   B. 信号传递理论

 C. "手中鸟" 理论   D. 代理理论

19. 下列各项中，不影响股东额变动的股利支付形式是（ ）。

 A. 现金股利   B. 股票股利   C. 负债股利   D. 财产股利

20. 下列关于提取任意盈余公积的表述中，不正确的是（ ）。

 A. 应从税后利润中提取

 B. 应经股东大会决议

 C. 满足公司经营管理的需要

 D. 达到注册资本的50%时不再计提

二、多项选择题

1. 利润分配的基本原则是（ ）。

 A. 依法分配原则   B. 分配与积累并重原则

 C. 兼顾利益原则   D. 投资与收益对等原则

2. 上市公司发放股票股利可能导致的结果有（ ）。

 A. 公司股东权益内部结构发生变化

 B. 公司股东权益总额发生变化

    C. 公司每股利润下降

    D. 公司股份总额发生变化

3. 按照资本保全约束的要求，企业发放股利所需资金的来源包括（　　　　）。

    A. 当期利润　　　　　B. 留存收益　　　　C. 原始投资　　　　D. 股本

4. 剩余股利政策（　　　　）。

    A. 可最大限度满足企业对再投资的权益资金需要

    B. 能使综合资本成本最低

    C. 有可能影响股东对企业的信心

    D. 不利于保持理想的资本结构

5. 影响企业股利政策的企业因素有（　　　　）。

    A. 偿债能力限制　　　　　　　　B. 资产的流动性

    C. 投资机会　　　　　　　　　　D. 盈利的稳定性

6. 公司在制定利润分配政策时应考虑的因素有（　　　　）。

    A. 通货膨胀因素　　　B. 股东因素　　　C. 法律因素　　　D. 公司因素

7. 现金股利（　　　　）。

    A. 是最常见的股利支付方式

    B. 最易为投资者接受的股利支付方式

    C. 会减少企业的资产和所有者权益

    D. 常被资金短缺的企业采用

8. 股东从保护自身利益的角度出发，在确定股利分配政策时应考虑的因素有（　　　　）。

    A. 避税　　　　　　　B. 控制权　　　　C. 稳定收入　　　D. 规避风险

9. 固定股利政策（　　　　）。

    A. 有助于消除投资者的不确定感　　B. 股利的支付与盈利相脱节

    C. 有可能使企业财务状况恶化　　　D. 适用于盈利稳定的企业

10. 固定股利支付率政策（　　　　）。

    A. 能使股利与企业盈利紧密结合　　B. 股利随盈利波动

    C. 会增强股东对企业的信心　　　　D. 有利于股票价格的稳定

11. 正常股利加额外股利政策（　　　　）。

    A. 能保证股利的稳定性

    B. 使股利与盈利结合

    C. 适用于盈利与现金流不够稳定的企业

    D. 适用于盈利稳定或处于成长期的企业

12. 企业在确定股利支付率水平时，应当考虑的因素有（　　　　）。

    A. 投资机会　　　B. 筹资成本　　　C. 资本结构　　　D. 股东偏好

13. 股票股利（　　　　）。

    A. 常被资金短缺的企业采用

    B. 可节约企业的现金支出

    C. 会减少企业的资产和所有者权益

D. 不会减少企业的资产和所有者权益

14. 股票股利对股东的好处是（   ）。

   A. 若股价不同比例下降可增加利得收益

   B. 可获得纳税上的好处

   C. 能节约现金

   D. 可增加企业的所有者权益

15. 在股利支付程序中涉及的时间界限有（   ）。

   A. 股利宣告日　　　B. 股权登记日　　　C. 除息日　　　　D. 股利发放日

16. 下列各项中，属于上市公司股票回购动机的有（   ）。

   A. 替代现金股利　　　　　　　　　B. 提高每股收益

   C. 规避经营风险　　　　　　　　　D. 稳定公司股价

17. 处于初创阶段的公司，一般不宜采用的股利分配政策有（   ）。

   A. 固定股利政策　　　　　　　　　B. 剩余股利政策

   C. 固定股利支付率政策　　　　　　D. 稳定增长股利政策

18. 为吸引机构投资者，企业应采用的股利政策是（   ）。

   A. 剩余股利政策　　　　　　　　　B. 正常股利加额外股利政策

   C. 固定股利支付率政策　　　　　　D. 固定股利政策

19. 某上市公司在 2020 年发放股票股利前，其资产负债表上的股东权益账户情况如下：普
   通股（面值 1 元）2 000 万元，资本公积 4 000 万元，盈余公积 2 000 万元，未分配利润
   3 000 万元。假设该公司宣布发放 30% 的股票股利，现有股东每持 10 股即可获得赠送的
   3 股普通股。分配之后（   ）。

   A. 公司流通在外的股数为 2 600 万股

   B. 公司的股东权益总额仍然为 11 000 万元

   C. 股东的财富预计增加 30%

   D. 公司的盈余公积金将增加 30%

20. 某公司决定进行股票回购，预计出资 21 亿元，在公开市场上回购 6 000 万股，每股价格
   为 35 元，预计回购完成后，公司会发生以下变化（   ）。

   A. 公司流通在外的股数减少 6 000 万股

   B. 公司的总资产减少 21 亿元

   C. 公司的股票预计会上涨到 35 元 / 股

   D. 公司的资产负债率将会上升

三、判断题

（   ）1. 固定股利比例分配政策的主要缺点，在于公司股利支付与其盈利能力相脱节，当
　　　　　盈利较低时仍要支付较高的股利，容易引起公司资金短缺、财务状况恶化。

（   ）2. 股份公司的股利分配政策遵循"无利不分"的原则，公司当年无盈利就不能支付
　　　　　股利。

（　　）3. 按照利润分配的积累优先原则，企业税后利润分配，不论什么条件下均应优先提取法定公积金。

（　　）4. 股份有限公司利润分配的一个主要特点是，提取任意盈余公积在支付优先股股利之后，但在分配普通股股利之前。

（　　）5. 只要公司拥有足够现金，就可以发放现金股利。

（　　）6. 在除息日之前，股利权从属于股票；从除息日开始，新购入股票的人不能分享本次已宣告发放的股利。

（　　）7. 企业发放股票股利会引起每股利润的下降，从而导致每股市价有可能下跌，因而每位股东所持股票的市场价值总额也将随之下降。

（　　）8. 股票分割不仅有利于促进股票流通和交易，而且还有助于公司并购政策的实施。

（　　）9. 与发放现金股利相比，股票回购可以提高每股收益，使股价上升或将股价维持在一个合理的水平上。

（　　）10. 代理理论认为，高支付率的股利政策有助于降低企业的代理成本，但同时也会增加企业的外部融资成本。

（　　）11. 处于衰退期的企业在制定收益分配政策时，应当优先考虑企业积累。

（　　）12. 由于发放股票股利后，增加了市场流通的股票股数，从而使每位股东所持股票的市场价值总额增加。

（　　）13. 如果发放股票股利的比例小于股价下降的比例，股东就可得到收益。

（　　）14. 某企业年初未分配利润为借方余额 50 万元，当年净利润为 100 万元，则当年以 10% 提取的法定盈余公积为 10 万元。

（　　）15. 领取股利的权利与股票相分离的日期是股权登记日。

（　　）16. 支付股票股利会减少所有者权益。

（　　）17. 我国公司常采用的股利分配方式是现金股利和财产股利。

（　　）18. 资本公积不能用于弥补亏损。

（　　）19. 剩余股利政策的缺点是能最大限度满足企业对再投资的权益资金的需要。

（　　）20. 股票分割与股票股利对所有者权益的影响完全相同。

四、业务分析题

业务分析题一

（一）目的：确定利润分配程序。

（二）资料：

A 公司 2015 年亏损 20 万元，2016 年盈利 2 万元，2017 年盈利 3 万元，2018 年盈利 5 万元，2019 年盈利 8 万元，2020 年盈利 10 万元。假设无纳税调整事项，所得税税率为 25%。

（三）要求：

1. 计算 2019 年 A 公司是否应交纳所得税，以及能否进行利润分配？

2. 计算 2020 年 A 公司是否应交纳所得税。若交纳所得税，A 公司应交纳多少？ A 公司是否应提取法定盈余公积金和公益金？如果按 15% 的比率计提法定盈余公积金和公益金，应提取多少?

业务分析题二

（一）目的：确定不同股利政策下的股利分配额。

（二）资料：

某公司 2019 年度实现的净利润为 1 000 万元，分配现金股利 550 万元，提取盈余公积 450 万元（所提盈余公积均已指定用途）。2020 年实现的净利润为 900 万元（不考虑计提法定盈余公积的因素）。2021 年计划增加投资，所需资金为 700 万元。假定公司目标资本结构为自有资金占 60%，借入资金占 40%。

（三）要求：

1. 在保持目标资本结构的前提下，计算 2021 年投资方案所需的自有资金额和需要从外部借入的资金额。

2. 在保持目标资本结构的前提下，如果公司执行剩余股利政策，计算 2020 年度应分配的现金股利。

3. 在不考虑目标资本结构的前提下，如果公司执行固定股利政策，计算 2020 年度应分配的现金股利、可用于 2021 年投资的留存收益和需要额外筹集的资金额。

4. 不考虑目标资本结构的前提下，如果公司执行固定股利支付政策，计算该公司的股利支付率和 2020 年度应分配的现金股利。

5. 假定公司 2020 年面临着从外部筹资的困难，只能从内部筹资，不考虑目标资本结构，计算在此情况下 2020 年度应分配的现金股利。

业务分析题三

（一）目的：确定公司股利分配方案。

（二）资料：

F 公司为一家稳定成长的上市公司，2019 年度公司实现净利润 8 000 万元。公司上市三年来一直执行稳定增长的现金股利政策，年增长率为 5%，吸引了一批稳健的战略性机构投资者。公司投资者中个人投资者持股比例占 60%。2018 年度每股派发 0.2 元的现金股利。公司 2020 年计划新增一投资项目，需要资金 8 000 万元。公司目标资产负债率为 50%。由于公司有良好的财务状况和成长能力，公司与多家银行保持着良好的合作关系。公司 2019 年 12 月 31 日资产负债表有关数据见表 8-12。

表 8-12

资产负债表

金额单位：万元

项目	金额
货币资金	12 000
负债	20 000
股本（面值 1 元，发行在外 10 000 万股普通股）	10 000
资本公积	8 000
盈余公积	3 000
未分配利润	9 000
股东权益总额	30 000

2020 年 3 月 15 日公司召开董事会会议，讨论了甲、乙、丙三位董事提出的 2019 年度股利分配方案：

（1）甲董事认为考虑到公司的投资机会，应当停止执行稳定增长的现金股利政策，将净利润全部留存，不分配股利，以满足投资需要。

（2）乙董事认为既然公司有好的投资项目，有较大的现金需求，应当改变之前的股利政策，采用每 10 股送 5 股的股票股利分配政策。

（3）丙董事认为应当维持原来的股利分配政策，因为公司的战略性机构投资者主要是保险公司，他们要求固定的现金回报，且当前资本市场效率较高，不会由于发放股票股利使股价上涨。

（三）要求：

1. 计算维持稳定增长的股利分配政策下公司 2019 年度应当分配的现金股利总额。

2. 分别计算甲、乙、丙三位董事提出的股利分配方案的个人所得税税额。

3. 分别站在企业和投资者的角度，比较分析甲、乙、丙三位董事提出的股利分配方案的利弊，并指出最佳股利分配方案。

业务分析题四

（一）目的：计算分析股票股利对公司和股东的影响。

（二）资料：

假定华泰公司 2020 年盈余为 110 万元，某股东持有 10 000 股普通股（占总股数的 1%），目前每股价格为 22 元。股票股利发放率为 10%，假设市盈率不变。

（三）要求：

1. 计算华泰公司的市盈率；

2. 计算发放股票股利之后每股收益；

3. 计算发放股票股利之后每股价格；

4. 计算发放股票股利之后该股东持股总价值。

业务分析题五

（一）目的：比较股票股利与股票分割对公司和股东利益的影响。

（二）资料：

某公司年终利润分配前的股东权益项目资料见表 8-13。

表 8-13

单位：万元

项目	金额
股本——普通股（每股面值 2 元，200 万股）	400
资本公积金	160
未分配利润	840
所有者权益合计	1 400

公司股票的每股现行市价为 35 元。

（三）要求：

1. 计划按每 10 股送 1 股的方案发放股票股利，并按发放股票股利后的股数派发每股现金股利 0.2 元，股票股利的金额按现行市价计算。计算完成这一分配方案后的股东权益各项目的金额。

2. 如若按 1 股换 2 股的比例进行股票分割，计算股票分割后的普通股股数和股东权益各项目的金额。

第九章
预算管理

【本章学习目标】

1. 了解预算的特征与作用，掌握预算的分类和预算体系的构成，了解预算工作的组织；

2. 熟悉固定预算与弹性预算、增量预算与零基预算、定期预算与滚动预算的概念、优缺点及适用范围，能够编制弹性预算、零基预算和滚动预算；

3. 掌握财务预算、经营预算和特种预算的编制程序，能够编制财务预算和经营预算；

4. 熟悉预算的执行、调整、分析与考核。

【本章重点与难点】

1. 预算体系，经营预算，财务预算；

2. 零基预算，弹性预算，滚动预算；

3. 销售预算、生产预算，直接材料预算，直接人工预算，制造费用预算，销售费用预算，管理费用预算，特种预算，现金预算，预计利润表，预计资产负债表；

4. 预算的分析与考核。

【知识点回顾】

第一节　预算管理概述

一、预算的特征与作用

预算的特征和作用见图 9-1。

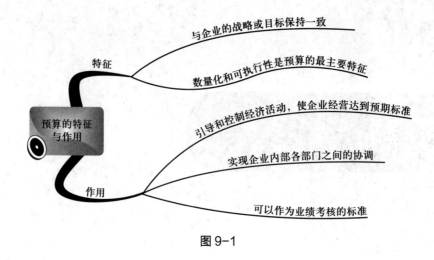

图 9-1

二、预算的分类

（一）根据预算内容的不同分类（图 9-2）

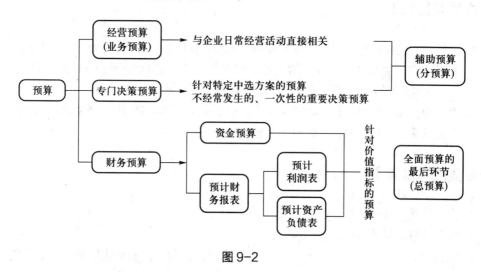

图 9-2

（二）从预算指标覆盖的时间长短划分（图 9-3）

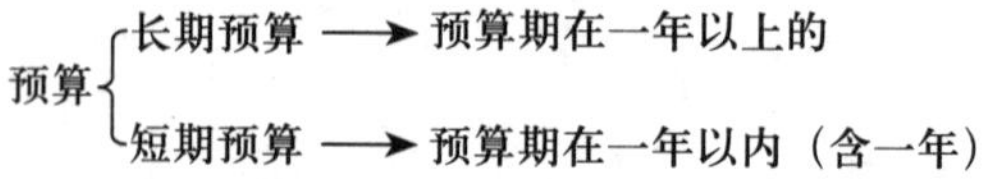

预算 ⎰ 长期预算 —→ 预算期在一年以上的
    ⎱ 短期预算 —→ 预算期在一年以内（含一年）

图 9-3

三、预算体系

各种预算是一个有机联系的整体。预算体系见图 9-4。

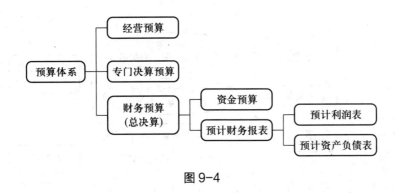

图 9-4

四、预算工作的组织

预算工作的组织包括决策层、管理层、执行层和考核层，见表 9-1。

表 9-1

负责机构	具体任务、权利和职责	负责人
董事会、经理办公会或类似机构	对企业预算管理负总责。根据情况设立预算委员会或指定财务管理部门负责预算管理事宜，并对企业法定代表人负责	决策层
预算委员会或财务管理部门	拟订预算的目标、政策，制定预算管理的具体措施和办法，审议、平衡预算方案，组织下达预算，协调解决预算编制和执行中的问题，组织审计、考核预算的执行情况，督促企业完成预算目标	管理层和考核层
财务管理部门	具体负责企业预算的跟踪管理，监督预算的执行情况，分析预算与实际执行的差异及原因，提出改进管理的意见与建议	
企业内部各职能部门	具体负责本部门业务涉及的预算编制、执行、分析等工作，并配合预算委员会或财务管理部门做好企业总预算的综合平衡、协调、分析、控制与考核等工作。其主要负责人参与企业预算委员会的工作，并对本部门预算执行结果承担责任	执行层
企业所属基层单位	负责本单位现金流量、经营成果和各项成本费用预算的编制、控制、分析工作，接受企业的检查、考核。其主要负责人对本单位财务预算的执行结果承担责任	执行层

第二节　预算的编制方法与程序

一、预算编制的方法

预算编制的方法见图 9-5。

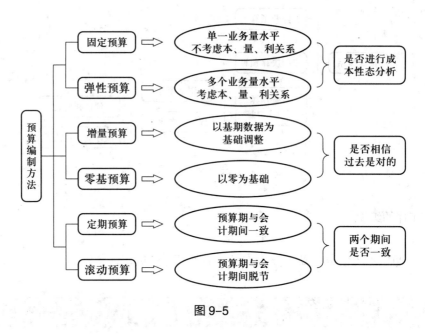

图 9-5

（一）固定预算方法与弹性预算方法（见表 9-2）

表 9-2

方法	定义	特点	适用范围
固定预算（静态预算）	固定预算是根据预算期内正常的、可实现的某一业务量（如生产量、销售量）水平作为唯一基础来编制预算的一种方法	（1）过于呆板 （2）可比性差	一般适用于固定费用或者数额比较稳定的预算项目
弹性预算	弹性预算是在按照成本（费用）习性分类的基础上，根据量、本、利之间的依存关系，考虑到计划期间业务量可能发生的变动，编制出一套适应多种业务量的费用预算	（1）预算范围宽 （2）可比性强	一般适用于与预算执行单位业务量有关的成本（费用）、利润等预算项目

弹性预算的编制，可以采用公式法，也可以采用列表法。

（1）公式法见表 9-3。

表 9-3

方法	编制要点	优点	缺点
公式法	成本的弹性预算 = 固定成本预算数 + 单位变动成本预算数 × 预计业务量，即：$Y = a + bX$	在一定范围内预算可以随业务量变动而变动，可比性和适应性强，编制预算的工作量相对较小	按公式进行成本分解比较麻烦，对每个费用子项目甚至细目逐一进行成本分解，工作量很大

（2）列表法见表9-4。

表9-4

方法	编制要点	优点	缺点
列表法	用列表的方式，在相关范围内每隔一定业务量范围计算相关数值进行预算	可以直接从表中查得各种业务量下的成本费用预算，不用另行计算，因此直接、简便	编制工作量较大，而且由于不能随业务量变动而任意变动，弹性仍然不足

（二）增量预算与零基预算编制方法

增量预算与零基预算的含义及特点见表9-5。

表9-5

方法	定义	特点
增量预算	增量预算指以基期成本费用水平为基础，结合预算业务量水平及有关降低成本的措施，通过调整有关费用项目而编制预算的方法	**缺点：**不加分析地保留或接受原有的成本项目，可能使原来不合理的费用继续开支，而得不到控制，形成不必要的开支合理化，造成预算上的浪费
零基预算	不考虑以往会计期间所发生的费用项目或费用数额，而是一切以零为出发点，从实际需要逐项审议预算期内各项费用的内容及开支标准是否合理，在综合平衡的基础上编制费用预算的方法	**优点：** （1）不受现有费用项目的限制 （2）不受现行预算的束缚 （3）能够调动各方面节约费用的积极性 （4）有利于促使各基层单位精打细算，合理使用资金

（三）定期预算与滚动预算编制方法（表9-6）

表9-6

方法	定义	特点
定期预算	定期预算是以不变的会计期间（如日历年度）作为预算期的一种编制预算的方法	**优点：**能够使预算期间与会计期间相对应，便于将实际数与预算数进行对比，也有利于对预算执行情况进行分析和评价 **缺点：**固定以一年为预算期，在执行了一段时期之后，往往使管理人员只考虑剩下来的几个月的业务量，缺乏长远打算，导致一些短期行为的出现
滚动预算（连续预算、永续预算）	将预算期与会计期间脱离开，随着预算的执行不断地补充预算，逐期向后滚动，使预算期始终保持为一个固定长度（一般为12个月）的一种预算方法	**优点：**能使企业各级管理人员对未来进行考虑和规划，始终保持整整12个月时间的预算期，从而保证企业的经营管理工作能够稳定而有秩序地进行

二、预算的编制程序

预算的编制程序如下：

（1）下达目标；

（2）编制上报；

（3）审查平衡；

（4）审议批准；

（5）下达执行。

第三节 预算编制

预算编制的基本内容见图 9-6。

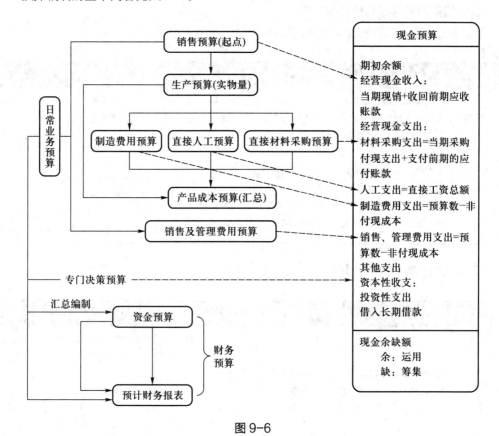

图 9-6

一、编制业务预算

（一）销售预算

企业其他预算的编制都必须以销售预算为基础，因此，销售预算是编制全面预算的起点。

（1）销量 × 单价 = 销售收入。

（2）销售现金收入：

基本原则：收付实现制。

关键公式：现金收入 = 当期现销收入 + 收回前期的赊销收入。

（二）生产预算

（1）编制基础：销售预算。

（2）生产预算编制的主要内容：确定预算期的产品生产量。

基本公式：预计生产量 = 预计销售量 + 预计期末结存量 − 预计期初结存量。

（三）直接材料预算

（1）编制基础：生产预算。

（2）关键公式：

某种材料采购量 = 某种材料耗用量 + 该种材料期末结存量 − 该种材料期初结存量

材料采购支出 = 当期现购支出 + 支付前期赊购

（四）直接人工预算

1. 反映的内容

直接人工预算是一种既反映预算期内人工工时消耗水平，又规划人工成本开支的业务预算。

2. 注意的问题

由于工资一般都要全部支付现金，因此直接人工预算表中预计直接人工成本总额就是现金预算中的直接人工工资支付额。

（五）制造费用预算

（1）费用必须按成本习性划分为固定费用和变动费用。

（2）需要注意的是，制造费用中的非付现费用，如折旧费在计算现金支出时应予以扣除。

（六）产品成本预算

编制基础：生产预算、直接材料消耗及采购预算、直接人工预算和制造费用预算。

（七）销售及管理费用预算

该预算与制造费用预算一样，需要划分固定费用和变动费用列示。

二、编制专门决策预算

专门决策预算主要是长期投资预算，又称资本支出预算，通常是指与项目投资决策相关的专门预算，它往往涉及长期建设项目的资金投放与筹集，并经常跨越多个年度。

【提示】专门决策预算往往涉及长期建设项目的资金投放与筹措，并经常跨年度，因此除个别项目外，一般不纳入日常的业务预算，但应计入与此有关的现金收支预算与预计资产负债表。

三、编制财务预算

（一）编制资金预算

（1）资金预算的编制依据：日常业务预算和专门决策预算。

（2）资金预算的内容：期初现金余额、现金收入、现金支出、现金余缺与现金筹措五部分。

（3）关系公式：

$$期初现金余额 + 现金收入 - 现金支出 = 现金余缺$$

$$现金余缺 + 现金筹措（现金不足时）= 期末现金余额$$

或：

$$现金余缺 - 现金投放（现金多余时）= 期末现金余额$$

（二）编制预计财务报表

1. 预计利润表的编制

注意编制依据：编制预计利润表的依据是各业务预算、专门决策预算和资金预算。

2. 预计资产负债表

注意编制依据：预计资产负债表的编制需以计划期开始日的资产负债表为基础，然后结合计划期间业务预算、专门决策预算、现金预算和预计利润表进行编制。它是编制全面预算的终点。

第四节　预算的执行与考核

预算的执行、调整和分析考核见表 9-7。

表 9-7

项目	内容
预算的执行	企业预算一经批复下达，各预算执行单位就必须认真组织实施，将预算指标层层分解，从横向到纵向落实到内部各部门、各单位、各环节和各岗位，形成全方位的预算执行责任体系
预算的调整	企业正式下达执行的财务预算，一般不予调整。预算执行单位在执行中由于市场环境、经营条件、政策法规等发生重大变化，致使预算的编制基础不成立，或者将导致预算执行结果产生重大偏差，可以调整预算
	对于预算执行单位提出的预算调整事项，企业进行决策时，一般应当遵循以下要求： （1）预算调整事项不能偏离企业发展战略； （2）预算调整方案应当在经济上能够实现最优化； （3）预算调整重点应当放在财务预算执行中出现的重要的、非正常的、不符合常规的关键性差异方面
预算的分析与考核	企业应当建立预算分析制度，由预算委员会定期召开财务预算执行分析会议，全面掌握预算的执行情况，研究、落实解决预算执行中存在问题的政策措施，纠正预算的执行偏差

【典型题例分析】

一、单项选择题

1. 下列项目中，原本属于日常业务预算，但因其需要根据资金预算的相关数据来编制因此被纳入财务预算的是（　　）。

A. 财务费用预算   B. 预计利润表

C. 销售费用预算   D. 预计资产负债表

【答案】A

【解析】财务费用预算就其本质而言属于日常业务预算，但由于该预算必须根据资金预算中的资金筹措及运用的相关数据来编制，因此将其纳入财务预算范畴。

2. 相对固定预算而言，弹性预算（   ）。

A. 预算成本低   B. 预算工作量小

C. 预算可比性差   D. 预算范围宽

【答案】D

【解析】弹性预算是为弥补固定预算缺陷而产生的，与固定预算方法相比，弹性预算方法具有预算范围宽和可比性强的优点。

3. 下列不属于零基预算的程序的是（   ）。

A. 动员企业内部各部门员工，讨论计划期内应该发生的费用项目，对每一费用项目编写一套方案，提出费用开支的目的，以及需要开支的费用数额

B. 划分不可避免费用项目和可避免费用项目

C. 划分不可延缓费用项目和可延缓费用项目

D. 划分不可提前费用项目和可提前费用项目

【答案】D

【解析】零基预算的程序如下：第一，动员企业内部各部门的员工，根据企业的生产经营目标，详细讨论计划期内应该发生的费用项目，并对每一费用项目编写一套方案，提出费用开支的目的，以及需要开支的费用数额；第二，划分不可避免费用项目和可避免费用项目；第三，划分不可延缓费用项目和可延缓费用项目。

二、多项选择题

1. 在编制资金预算时，计算某期现金余缺必须考虑的因素有（   ）。

A. 期初现金余额   B. 期末现金余额

C. 当期现金支出   D. 当期现金收入

【答案】ACD

【解析】某期现金余缺＝该期可运用现金合计－该期现金支出，而当期可运用现金合计＝期初现金余额＋当期现金收入，所以本题的答案是A、C、D。

2. 预算的作用主要表现在以下几个方面（   ）。

A. 预算通过引导和控制经济活动、使企业经营达到预期目标

B. 预算可以实现企业内部各个部门之间的协调

C. 预算可以降低企业的经营风险

D. 预算可以作为业绩考核的标准

【答案】ABD

【解析】预算的作用主要表现在以下三个方面：预算通过引导和控制经济活动，使企业经

营达到预期目标；预算可以实现企业内部各个部门之间的协调；预算可以作为业绩考核的标准。可见 A、B、D 正确。

3. 某期资金预算中假定出现了正值的现金余缺数，且超过额定的期末现金余额，单纯从财务预算调剂现金余缺的角度看，该期可以采用的措施有（　　　　　）。

    A. 偿还部分借款利息　　　　　　B. 偿还部分借款本金

    C. 出售短期投资　　　　　　　　D. 进行短期投资

    【答案】ABD

    【解析】资金预算中如果出现了正值的现金余缺额，且超过额定的期末现金余额，说明企业有现金的剩余，应当采取一定的措施降低现金持有量，选项 ABD 均可以减少企业的现金余额，而选项 C 会增加企业的现金余额，所以不应采用选项 C 的措施。

三、判断题

1. 在编制预计资产负债表时，对表中的年初项目和年末项目均需根据各种日常业务预算和专门决策预算的预计数据分析填列。（　　　）

    【答案】×

    【解析】预计资产负债表中年初数是已知的，不需要根据日常经营预算和专门决策预算的预计数据分析填列。

2. 定期预算编制方法一般只适用于数额比较稳定的预算项目。（　　　）

    【答案】×

    【解析】固定预算方法一般适用于固定费用或者数额比较稳定的预算项目。

3. 财务部门编制出了对自己来说最好的计划，该计划对其他部门来说，肯定也能行得通。

    （　　　）

    【答案】×

    【解析】各部门编制出对自己来说是最好的计划，而该计划在其他部门不一定能行得通。

【职业能力训练】

一、单项选择题

1. 在成本习性分析的基础上，分别按一系列可能达到的预计业务量水平编制的能适应多种情况的预算是指（　　　　）。

    A. 固定预算　　　　B. 弹性预算　　　　C. 增量预算　　　　D. 滚动预算

2. 下列各项中，没有直接在资金预算中得到反映的是（　　　　）。

    A. 期初期末现金余额　　　　　　B. 现金筹措及运用

    C. 预算期产量和销量　　　　　　D. 预算期现金余缺

3. 以预算期正常的、可实现的某一业务量水平为唯一基础来编制预算的方法称为（　　　　）。

　　A. 零基预算　　　　　B. 定期预算　　　　　C. 静态预算　　　　　D. 流动预算

4. 在采用定额控制方式实施财务控制时，对约束性指标应选择的控制标准是（　　　）。

　　A. 弹性控制标准　　　　　　　　　　B. 平均控制标准

　　C. 最高控制标准　　　　　　　　　　D. 最低控制标准

5. 下列项目中，原本属于日常经营预算，但因其需要根据资金预算的相关数据来编制因此被纳入财务预算的是（　　　）。

　　A. 财务费用预算　　　　　　　　　　B. 预计利润表

　　C. 销售费用预算　　　　　　　　　　D. 预计资产负债表

6. 某企业按百分比法编制弹性利润预算表，预算销售收入为 100 万元，变动成本为 60 万元，固定成本为 30 万元，利润总额为 10 万元；如果预算销售收入达到 110 万元，则预算利润总额为（　　　）万元。

　　A. 14　　　　　　　　B. 11　　　　　　　　C. 4　　　　　　　　D. 1

7. 不受现有费用项目和开支水平限制，并能够克服增量预算方法缺点的预算方法是（　　　）。

　　A. 弹性预算方法　　　　　　　　　　B. 固定预算方法

　　C. 零基预算方法　　　　　　　　　　D. 滚动预算方法

8. 某期资金预算中假定出现了正值的现金收支差额，且超过额定的期末现金余额时，单纯从财务预算调剂现金余缺的角度看，该期不宜采用的措施是（　　　）。

　　A. 偿还部分借款利息　　　　　　　　B. 偿还部分借款本金

　　C. 抛售短期有价证券　　　　　　　　D. 购入短期有价证券

9. 在下列各项中，不属于财务预算内容的是（　　　）。

　　A. 预计资产负债表　　　　　　　　　B. 资金预算

　　C. 预计利润表　　　　　　　　　　　D. 销售预算

10. 在下列各项中，不属于滚动预算方法的滚动方式的是（　　　）。

　　A. 逐年滚动方式　　　　　　　　　　B. 逐季滚动方式

　　C. 逐月滚动方式　　　　　　　　　　D. 混合滚动方式

11. 在下列各项中，不能纳入企业资金预算范围的是（　　　）。

　　A. 经营性现金支出　　　　　　　　　B. 资本化借款利息

　　C. 经营性现金收入　　　　　　　　　D. 资本性现金支出

12. 与传统定期预算方法相比，属于滚动预算方法缺点的是（　　　）。

　　A. 预算工作量大　　B. 透明度低　　　C. 及时性差　　　　D. 连续性弱

13. 根据全面预算体系的分类，下列预算中，属于财务预算的是（　　　）。

　　A. 销售预算　　　　　　　　　　　　B. 资金预算

　　C. 直接材料预算　　　　　　　　　　D. 直接人工预算

14. 下列各项中，综合性较强的预算是（　　　）。

　　A. 销售预算　　　　　　　　　　　　B. 材料采购预算

　　C. 资金预算　　　　　　　　　　　　D. 资本支出预算

15. 下列各项中，可能会使预算期间与会计期间相分离的预算方法是（　　　）。

　　　A. 增量预算法　　　B. 弹性预算法　　　C. 滚动预算法　　　D. 零售预算法

16. 下列预算编制方法中，可能导致无效费用开支项目无法得到有效控制的是（　　　）。

　　　A. 增量预算　　　B. 弹性预算　　　C. 滚动预算　　　D. 零基预算

17. 运用零基预算法编制预算，需要逐项进行成本效益分析的费用项目是（　　　）。

　　　A. 可避免费用　　　　　　　　　　B. 不可避免费用

　　　C. 可延续费用　　　　　　　　　　D. 不可延续费用

18. 下列各项中，不会对预计资产负债表中存货金额产生影响的是（　　　）。

　　　A. 生产预算　　　　　　　　　　　B. 材料采购预算

　　　C. 销售费用预算　　　　　　　　　D. 单位产品成本预算

19. 下列各项费用预算项目中，最适宜采用零基预算编制方法的是（　　　）。

　　　A. 人工费　　　B. 培训费　　　C. 材料费　　　D. 折旧费

20. 某公司预计计划年度期初应付账款余额为 200 万元，1 月份至 3 月份采购金额分别为 500 万元、600 万元和 800 万元，每月的采购款当月支付 70%，次月支付 30%。则预计一季度现金支出额是（　　　）万元。

　　　A. 2 100　　　B. 1 900　　　C. 1 860　　　D. 1 660

二、多项选择题

1. 从实用角度看，弹性预算主要用于编制（　　　　　）。

　　　A. 特种决策预算　　　　　　　　　B. 成本预算

　　　C. 利润预算　　　　　　　　　　　D. 销售及管理费用预算

2. 下列各项中，属于日常业务预算的内容有（　　　　　）。

　　　A. 生产预算　　　　　　　　　　　B. 产品成本预算

　　　C. 资金预算　　　　　　　　　　　D. 制造费用预算

3. 编制现金预算的依据有（　　　　　）。

　　　A. 销售预算　　　　　　　　　　　B. 直接材料预算

　　　C. 生产预算　　　　　　　　　　　D. 直接人工预算

4. 下列各项中，属于财务预算的有（　　　　）。

　　　A. 现金预算　　　　　　　　　　　B. 预计现金流量表

　　　C. 预计资产负债表　　　　　　　　D. 预计利润表

5. 相对固定预算而言，弹性预算的优点有（　　　　　）。

　　　A. 预算成本低　　　　　　　　　　B. 预算工作量小

　　　C. 预算可比性强　　　　　　　　　D. 预算适用范围宽

6. 下列各项中，属于滚动预算优点的有（　　　　）。

　　　A. 透明度高　　　B. 及时性强　　　C. 连续性　　　D. 完整性

7. 下列项目中，属于直接人工预算的内容是（　　　　　）。

　　　A. 预计生产量　　　　　　　　　　B. 单位产品耗用工时

　　　C. 人工总工时　　　　　　　　　　D. 人工总成本

8. 在编制资金预算的过程中，可作为其编制依据的有（   ）。

    A. 日常业务预算   B. 预计利润表

    C. 预计资产负债表   D. 特种决策预算

9. 生产预算是编制（   ）的依据。

    A. 直接材料预算   B. 直接人工预算

    C. 产品成本预算   D. 现金预算

10. 下列预算中，能够既反映经营业务又反映现金收支内容的有（   ）。

    A. 销售预算   B. 生产预算

    C. 直接材料预算   D. 制造费用预算

11. 产品生产成本预算，是（   ）预算的汇总。

    A. 销售及管理费用预算   B. 直接材料预算

    C. 直接人工预算   D. 制造费用预算

12. 在编制生产预算时，计算某种产品预计生产量应考虑的因素包括（   ）。

    A. 预计材料采购量   B. 预计产品销售量

    C. 预计期初产品存货量   D. 预计期末产品存货量

13. 在编制资金预算时，计算某期现金余缺必须考虑的因素有（   ）。

    A. 期初现金余额   B. 期末现金余额

    C. 当期现金支出   D. 当期现金收入

14. 在财务预算中，专门用以反映企业未来一定预算期内预计财务状况和经营成果的预算为（   ）。

    A. 资金预算   B. 预计资产负债表

    C. 预计利润表   D. 预计现金流量表

15. 企业预算最主要的两大特征是（   ）。

    A. 数量化   B. 表格化

    C. 可伸缩性   D. 可执行性

16. 全面预算具体包括（   ）。

    A. 日常业务预算   B. 财务预算

    C. 生产预算   D. 特种决策预算

17. 下列各项中，属于现金支出预算内容的有（   ）。

    A. 直接材料   B. 直接人工   C. 购置固定资产   D. 制造费用

18. 下列各项中，属于定期预算缺点的有（   ）。

    A. 盲目性   B. 编制工作量大   C. 不变性   D. 间断性

19. 下列项目中，属于生产预算的内容是（   ）。

    A. 预计销售量   B. 预计期末存货

    C. 预计期初存货   D. 预计消耗量

20. 编制预计资产负债表的依据包括（   ）。

    A. 资金预算   B. 特种决策预算

    C. 日常业务预算   D. 预计利润表

三、判断题

（　　）1. 企业预算是从编制生产预算开始的。

（　　）2. 销售量和单价预测的准确性，直接影响企业财务预算的质量。

（　　）3. 在编制制造费用预算时，应将固定资产折旧费剔除。

（　　）4. 销售费用及管理费用预算是根据生产预算来编制的。

（　　）5. 财务预算是关于企业在未来一定期间内财务状况和经营成果以及现金收支等价值
指标的各种预算总称。

（　　）6. 能够克服固定预算缺点的预算方法是滚动预算。

（　　）7. 在编制零基预算时，应以企业现有的费用水平为基础。

（　　）8. 永续预算能够使预算期间与会计年度相配合，便于考核预算的执行结果。

（　　）9. 特种决策预算包括经营决策预算和投资决策预算，一般情况下，特种决策预算的
数据要纳入日常业务预算和现金预算。

（　　）10. 在编制预计资产负债表时，对表中的年初项目和年末项目均需根据各种日常业
务预算和专门决策预算的预计数据分析填列。

（　　）11. 在财务预算的编制过程中，编制预计财务报表的正确程序是：先编制预计资产
负债表，然后再编制预计利润表。

（　　）12. 生产预算是日常业务预算中唯一仅以实物量作为计量单位的预算，不直接涉及
现金收支。

（　　）13. 增量预算是在基期成本费用水平的基础上，结合预算期业务量及有关降低成本
的措施，通过调整有关原有成本项目而编制预算的一种方法。

（　　）14. 产品生产成本预算不能作为编制资金预算的依据。

（　　）15. 销售预算是编制生产预算的基础。

（　　）16. 在编制定期预算时，预算期必须与会计年度口径一致。

（　　）17. 在编制制造费用预算时，将制造费用预算扣除折旧后，调整为现金收支的费用。

（　　）18. 企业财务管理部门负责企业预算的编制、执行、分析和考核工作，并对预算执
行结果承担直接责任。

（　　）19. 财务预算能够综合反映各项业务预算和各项专门决策预算，因此称为总预算。

（　　）20. 企业财务管理部门应当利用报表监控预算执行情况，及时提供预算执行进度、
执行差异信息。

四、业务分析题

业务分析题一

（一）目的：编制销售预算与直接材料预算。

（二）资料：

某企业生产和销售 A 种产品，预算期 2020 年四个季度预计销售量分别为 1 000 件、1 500

件、2 000件和1 800件；A种产品预计单位售价为100元。假设每季度销售收入中，本季度收到现金60%，另外40%要到下季度才能收回。上年年末应收账款余额为60 000元。

（三）要求：

1. 计算各季度销售收入预算数。

2. 计算各季度现金收入预算数。

3. 计算年末应收账款预算数。

业务分析题二

（一）目的：编制直接材料预算。

（二）资料：

某公司生产甲产品，1季度至4季度的预计销售量分别为1 000件、800件、900件、850件，生产每件甲产品需要2千克A材料。公司的政策是每一季度末的产成品存货数量等于下一季度销售量的10%，每一季度末的材料存量等于下一季度生产需要量的20%。

（三）要求：

请填写表9-8，计算该公司第二季度的预计材料采购量（单位：千克）。

表9-8

项目	1季度	2季度	3季度	4季度
销量	1 000	800	900	850
加：期末存货量 （下一季度销售量的10%）	（1）	（2）	（6）	
减：期初存货量 （上期期末）	—	（3）	（7）	
生产量	—	（4）	（8）	
生产需用材料数量	—	810×2=1 620	895×2=1 790	
加：期末材料存量 （下一季度生产需要量的20%）	（5）	（9）	358	
减：期初存量（上期期初）		（10）		
材料采购量				

业务分析题三

（一）目的：编制销售及管理费用预算。

（二）资料：

某企业编制销售及管理费用预算收集的有关资料见表9-9。

（三）要求：

1. 计算各季度销售及管理费用预算数。

2. 计算全年销售及管理费用现金支出预算数。

表 9-9

单位：元

项目	变动费用率（按销售收入）	第一季度	第二季度	第三季度	第四季度
预计销售收入		300 000	320 000	350 000	400 000
变动销售、管理费用					
销售佣金	1%	3 000	3 200	3 500	
运输费	1.5%	4 500	4 800	5 250	
广告费	3%	9 000	9 600	10 500	12 000
固定销售、管理费用					
薪金		30 000	30 000	30 000	30 000
办公用品		3 000	3 000	3 000	3 000
折旧费		6 000	6 000	6 000	6 000
其他		5 000	5 000	5 000	5 000

业务分析题四

（一）目的：编制资金预算。

（二）资料：

某公司资金预算表见表 9-10。假设期末现金最低应保持的余额为 4 000 元，银行借款以 1 000 元为单位，贷款利率每年 6%，还本时付息，于每季初借入，每季末偿还。

表 9-10

资 金 预 算

2020 年度

单位：元

项目	第一季度	第二季度	第三季度	第四季度	全年合计
期初余额	4 000			4 561	
加：现金收入		16 300	17 700		65 900
可动用现金合计	16 800		22 620		
减：现金支出					
采购材料	4 675	4 470		4 990	
人工成本	6 780	7 380	7 980		30 660
费用		2 713	2 794	2 869	
支付股息	1 000	—			
购买设备	—	500	1 500	—	
现金支出合计		15 063			
现金收支差额	1 713		5 606		
银行借款		—	—		3 000
偿还借款	—		1 000		
利息	—				
期末余额					

（三）要求：

将上述资金预算中的空缺数据按其内在联系填补齐全。

业务分析题五

（一）目的：编制弹性预算。

（二）资料：

某企业的一车间，年生产甲产品的能力为 30 000 件，每件产品工时定额为 2 小时。2020 年有关制造费用的资料见表 9-11。

表 9-11

单位：元

项目	每小时变动费	全年预算固定成本	全年实际费用 33 000 件
间接材料	0.5	11 000	26 340
间接人工	0.3	3 000	15 050
电力	0.18	2 000	8 800
修理费	0.12	4 000	7 200
折旧		9 000	10 000
其他		5 000	6 000
合计	1.00	34 000	73 390

如果年产量达到正常生产能力的 110%，则固定成本中的间接材料将增加 1%，修理费用增加 5%，折旧增加 10%。

（三）要求：

1. 根据上列资料，按正常生产能力的 90%、100%、110%、120% 分别编制制造费用弹性预算。

2. 编制 2020 年弹性预算执行报告。

第十章
财务分析

【本章学习目标】

1. 理解财务分析及其作用，能够运用各种财务分析方法发现分析企业财务问题；

2. 掌握常见的财务分析方法，理解偿债能力、盈利能力、营运能力和发展能力的财务指标以及比率意义，能够计算各项常见财务比率，通过财务比率发现问题；

3. 理解杜邦分析体系和沃尔比重分析法及其机制，能够运用杜邦分析体系分析企业财务问题。

【本章重点与难点】

1. 财务分析，比较分析法，趋势分析法，因素分析法；

2. 偿债能力分析，盈利能力分析，营运能力分析，发展能力分析；

3. 杜邦分析，沃尔比重分析。

【知识点回顾】

第一节　财务分析概述

一、财务分析的意义

（1）评价企业财务状况。

（2）评价企业盈利能力。

（3）评价企业资产管理水平。

（4）评价企业成本费用水平。

（5）评价企业未来发展能力。

二、财务分析的内容

财务分析的内容见表 10-1。

表 10-1

分析主体	分析重点内容
所有者	关心其资本的保值和增值状况，因此较为重视企业获利能力指标，主要进行企业盈利能力分析
债权人	首先关注的是其投资的安全性，因此主要进行企业偿债能力分析，同时也关注企业盈利能力分析
经营决策者	关注企业经营理财的各方面，包括偿债能力、运营能力、获利能力、发展能力，主要进行各方面综合分析，并关注企业财务风险和经营风险
政府	兼具多重身份，既是宏观经济管理者，又是国有企业的所有者和重要的市场参与者，因此政府对企业财务分析的关注点因所具身份不同而异

为了满足不同需求者的需求，财务分析一般应包括：偿债能力分析、营运能力分析、盈利能力分析、发展能力分析和现金流量分析等方面。

三、财务分析的局限性

财务分析对于了解企业的财务状况和经营成绩，评价企业的偿债能力和经营能力，帮助制定经济决策，有着显著的作用。但由于种种因素的影响，财务分析也存在着一定的局限性。

（一）资料来源的局限性

资料来源的局限性主要表现为：

①报表数据的时效性问题。②报表数据的真实性问题。③报表数据的可靠性问题。④报表数据的可比性问题。⑤报表数据的完整性问题。

（二）财务分析方法的局限性

（1）对于比率分析法来说，比率分析法是针对单个指标进行分析，综合程度较低，在某些情况下无法得出令人满意的结论；比率指标的计算一般都是建立在以历史数据为基础的财务报表之上的，这使比率指标提供的信息与决策之间的相关性大打折扣。

（2）对于因素分析法来说，在计算各因素对综合经济指标的影响额时，主观假定各因素的变化顺序而且规定每次只有一个因素发生变化，这些假定往往与事实不符。

无论何种分析法均是对过去经济事项的反映，随着环境的变化，这些比较标准也会发生变化，而在分析时，分析者往往只注重数据的比较，而忽略经营环境的变化，这样得出的分析结论也是不全面的。

（三）财务分析指标的局限性

财务分析指标的局限性主要表现在：

①财务指标体系不严密。②财务指标所反映的情况具有相对性。③财务指标的评价标准不统一。④财务指标的计算口径不一致。

第二节　财务分析的方法

财务分析的方法见图 10-1。

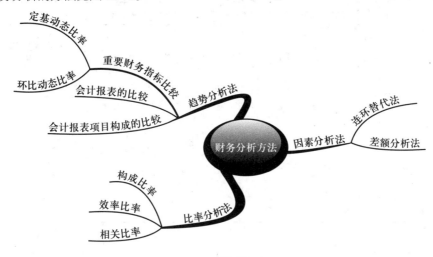

图 10-1

一、趋势分析法

趋势分析法又称为水平分析法，是通过对比两期或连续数期财务报告中的相同指标，确定其增减变动的方向、数额和幅度，来说明企业财务状况或经营成果的变动趋势的一种方法。

趋势分析法主要有三种方式：

（一）重要财务指标的比较

1. 定基动态比率

$$定基动态比率 = \frac{分析期数额}{固定基期数额} \times 100\%$$

2. 环比动态比率

$$环比动态比率 = \frac{分析期数额}{前期数额} \times 100\%$$

（二）会计报表的比较

会计报表的比较，具体包括资产负债表比较、利润表比较和现金流量表比较等。

（三）会计报表项目构成的比较

这种方法是在会计报表比较的基础上发展而来的，是以会计报表中的某个总体指标作为100%，再计算出其各组成项目占该总体指标的百分比，从而比较各个项目百分比的增减变动，以此来判断有关财务活动的变化趋势。

采用趋势分析法时，应当注意以下问题：第一，所对比指标的计算口径必须一致；第二，应剔除偶发性项目的影响；第三，应运用例外原则对某项有显著变动的指标做重点分析。

二、比率分析法

比率分析法的含义及具体运用见表 10-2。

表 10-2

项目	含义
含义	比率分析法是通过计算各种比率指标来确定财务活动变动程度的方法
具体运用	（1）构成比率： $$构成比率 = \frac{某个组成部分数值}{总体数值} \times 100\%$$ （2）效率比率： $$效率比率 = \frac{所费}{所得} \times 100\%$$ （3）相关比率： $$相关比率 = \frac{某一指标}{另一相关指标} \times 100\%$$
应注意的问题	（1）对比项目的相关性 （2）对比口径的一致性 （3）衡量标准的科学性

三、因素分析法

（一）含义

因素分析法是依据分析指标与影响因素的关系，从数量上确定各因素对分析指标影响方向和影响程度的一种方法。

（二）具体运用

1. 连环替代法

$$设 F = A \times B \times C$$

基数（计划、上年、同行业先进水平）$F_0 = A_0 \times B_0 \times C_0$

实际　　$F_1 = A_1 \times B_1 \times C_1$

基数：$F_0 = A_0 \times B_0 \times C_0$　　　　　　　　　　　　　　①

置换 A 因素：$A_1 \times B_0 \times C_0$　　　　　　　　　　　　②

置换 B 因素：$A_1 \times B_1 \times C_0$　　　　　　　　　　　　③

置换 C 因素：$A_1 \times B_1 \times C_1$　　　　　　　　　　　　④

②－①即为 A 因素变动对 F 指标的影响；

③－②即为 B 因素变动对 F 指标的影响；

④－③即为 C 因素变动对 F 指标的影响。

2. 差额分析法

差额分析法是连环替代法的一种简化形式，它是利用各个因素的比较值与基准值的差额，来计算各因素对分析对象的影响。

3. 应注意的问题

（1）因素分解的关联性（会写出综合指标与因素指标间的关系公式）；

（2）因素替代的顺序性（按提问的顺序）；

（3）顺序替代的连环性（每一次替代均以上一次为基础）；

（4）计算结果的假定性（各因素变动的影响数，会因替代顺序不同而有差别，因而计算结果不免带有假设性）。

第三节　财务指标分析

一、偿债能力分析

偿债能力指标包括短期偿债能力指标和长期偿债能力指标。

（一）短期偿债能力分析

1. 流动比率

$$流动比率 = 流动资产 \div 流动负债$$

2. 速动比率

$$速动比率 = 速动资产 \div 流动负债$$

其中：　　　　　　速动资产 = 流动资产 − 存货

或：　　　速动资产 = 流动资产 − 存货 − 预付账款 − 待摊费用

3. 现金流动负债比率

$$现金流动负债比率 = 年经营现金净流量 \div 年末流动负债$$

（二）长期偿债能力分析

1. 资产负债率

$$资产负债率 = （负债总额 \div 资产总额）\times 100\%$$

2. 产权比率

$$产权比率 = （负债总额 \div 所有者权益总额）\times 100\%$$

3. 利息保障倍数

$$利息保障倍数 = 息税前利润 \div 利息费用$$

二、营运能力分析

（一）应收账款周转率

$$应收账款周转率（次数）= 营业收入 \div 平均应收账款余额$$

其中：

平均应收账款余额 = （应收账款年初数 ＋ 应收账款年末数）÷2

应收账款周转天数 = 360 ÷ 应收账款周转率

$$=（平均应收账款 \times 360）\div 营业收入$$

（二）存货周转率

存货周转率（次数）= 营业成本 ÷ 存货平均余额

存货平均余额 =（存货年初数＋存货年末数）÷2

存货周转天数 =360÷ 存货周转率 =（平均存货 ×360）÷ 营业成本

（三）总资产周转率

总资产周转率 = 营业收入 ÷ 平均资产总额

平均资产总额 =（期初资产总额＋期末资产总额）÷2

（四）固定资产周转率

固定资产周转率 = 营业收入 ÷ 固定资产平均净值

固定资产平均净值 =（期初固定资产净值＋期末固定资产净值）÷2

三、盈利能力分析

（一）营业利润率

营业利润率 = 营业利润 ÷ 营业收入 ×100%

销售毛利率 =（销售收入 － 销售成本）÷ 销售收入 ×100%

销售净利率 = 净利润 ÷ 销售收入 ×100%

（二）成本费用利润率

成本费用利润率 = 利润总额 ÷ 成本费用总额 ×100%

其中：成本费用总额 = 营业成本 + 税金及附加 + 销售费用 + 管理费用 + 财务费用

（三）总资产净利率

总资产净利率 = 净利润 ÷ 平均总资产 ×100%

（四）净资产收益率

净资产收益率 = 净利润 ÷ 平均净资产 ×100%

其中，净利润是指企业的税后利润，是未作任何分配的数额；平均净资产是企业年初所有者权益与年末所有者权益的平均数。

（五）盈余现金保障倍数

盈余现金保障倍数 = 经营现金净流量 ÷ 净利润

（六）每股收益

每股收益 =（净利润 － 优先股股利）÷ 年末普通股总数

（七）每股股利

每股股利 = 现金股利总额 ÷ 普通股总数

（八）市盈率

市盈率 = 每股市价 ÷ 每股收益

（九）每股净资产

每股净资产 = 年末股东权益 ÷ 年末普通股股数

四、发展能力分析

（一）营业收入增长率
营业收入增长率＝本年营业收入增长额 ÷ 上年营业收入总额 ×100%

（二）资本保值增值率
资本保值增值率＝期末所有者权益总额 ÷ 期初所有者权益总额 ×100%

（三）资本积累率
资本积累率＝本年所有者权益增长额 ÷ 年初所有者权益 ×100%

（四）总资产增长率
总资产增长率＝本年总资产增长额 ÷ 年初资产总额 ×100%

（五）营业利润增长率
营业利润增长率＝本年营业利润增长额 ÷ 上年营业利润总额 ×100%

第四节　财务综合分析

一、财务综合分析的特点

财务综合分析的特点体现在其财务指标体系的要求上，一个健全有效的综合财务指标体系必须具备如下三个基本要素：

（1）指标要素齐全适当；

（2）主辅指标功能匹配；

（3）满足多方信息需要。

二、财务综合分析的方法

财务综合分析的方法很多，其中应用比较广泛的有杜邦财务分析体系和沃尔比重评分法。

杜邦分析法

1. 关键公式

净资产收益率＝总资产净利率 × 权益乘数

总资产净利率＝销售净利率 × 总资产周转率

净资产收益率＝销售净利率 × 总资产周转率 × 权益乘数

其中：

权益乘数＝资产总额 ÷ 所有者权益总额 =1 ÷（1− 资产负债率）=1+ 产权比率

2. 分析要点

（1）净资产收益率是一个综合性最强的财务分析指标，是杜邦分析体系的起点；净资产收益率的决定因素有三个：销售净利率、总资产周转率、权益乘数。

（2）销售净利率反映了企业净利润与销售收入的关系，它的高低取决于销售收入与成本总额的高低。

（3）资产总额由流动资产与长期资产组成，它们的结构合理与否将直接影响资产的周转速度。

（4）负债比率越大，权益乘数就越高，说明企业的负债程度比较高，给企业带来了较多的杠杆利益，同时，也带了较多的风险。

【提示】

① 权益乘数＝资产/权益（在杜邦分析中一般分子、分母均应用平均数）

② 权益乘数与资产负债率成同方向变化，并且二者是可以相互推算的：

$$权益乘数 = \frac{资产}{所有者权益} = \frac{资产}{资产-负债} = \frac{1}{1-资产负债率}$$

三、综合绩效评价

财务绩效定量评价指标见表 10-3。

表 10-3

评价内容	评价指标	
	基本指标	修正指标
盈利能力状况	净资产收益率 总资产报酬率	销售（营业）利润率 利润现金保障倍数 成本费用利润率 资本收益率
资产质量状况	总资产周转率 应收账款周转率	不良资产比率 流动资产周转率 资产现金回收率
债务风险状况	资产负债率 已获利息倍数	速动比率 现金流动负债比率 带息负债比率 或有负债比率
经营增长状况	销售（营业）收入增长率 资本保值增值率	销售（营业）利润增长率 总资产增长率 技术投入比率

【典型题例分析】

一、单项选择题

1. 下列各项中，不会影响流动比率的业务是（   ）。

A. 用现金购买短期债券　　　　　B. 现金购买固定资产

C. 用存货进行对外长期投资　　　D. 从银行取得长期借款

【答案】A

【解析】现金购买固定资产、用存货进行对外长期投资会导致流动资产减少，流动比率降低；从银行取得长期借款会导致流动资产增加，流动比率提高；用现金购买短期债券，流动资产不变，流动负债也不变，因此不会影响流动比例。

2. 采用比较分析法时，应注意的问题不包括（　　　　）。

A. 指标的计算口径必须一致

B. 衡量标准的科学性（属于采用比率分析法应该注意的问题）

C. 剔除偶发性项目的影响

D. 运用例外原则

【答案】B

【解析】衡量标准的科学性是使用比率分析法应注意的问题。采用比较分析法时，应注意的问题包括：

（1）用于进行对比指标的计算口径必须一致。

（2）应剔除偶发性项目的影响，使作为分析的数据能反映正常的经营状况。

（3）应运用例外原则对某项有显著变动的指标做重点分析。

采用比率分析法时，应当注意以下几点：

（1）对比项目的相关性。

（2）对比口径的一致性。

（3）衡量标准的科学性。

3. A公司需要对公司的销售收入进行分析，通过分析可以得到2018年、2019年、2020年销售收入的环比动态比率分别为110%、115%和95%。则如果该公司以2018年作为基期，2020年作为分析期，则其定基动态比率为（　　　　）。

A. 126.5%　　　　B. 109.25%　　　　C. 104.5%　　　　D. 120.18%

【答案】B

【解析】以2018年作为基期，2020年作为分析期，则定基动态比率=2020年销售收入/2018年销售收入=2020年销售收入/2019年销售收入×2019年销售收入/2018年销售收入=95%×115%=109.25%。

二、多项选择题

1. 下列各项中，与净资产收益率密切相关的有（　　　　　　）。

A. 主营业务净利率　　　　　　　B. 总资产周转率

C. 总资产增长率　　　　　　　　D. 权益乘数

【答案】ABD

【解析】净资产收益率＝主营业务净利率×总资产周转率×权益乘数。

2. 关于因素分析法下列说法不正确的有（　　　　　　）。

A. 使用因素分析法分析某一因素对分析指标的影响时，假定其他因素都不变

B. 在使用因素分析法时替代顺序无关紧要

C. 差额分析法是连环替代法的一种简化形式

D. 因素分析法的计算结果都是准确的

【答案】BD

【解析】因素分析法是依据分析指标与其影响因素的关系，从数量上确定各因素对分析指标的影响方向和影响程度的一种方法。因素分析法具体有两种：连环替代法和差额分析法。连环替代法是将分析指标分解为各个可以计量的因素，并根据各个因素之间的依存关系，顺次用各因素的比较值（通常即实际值）替代基准值（通常即标准值或计划值），据以测定各因素对分析指标的影响。差额分析法是连环替代法的一种简化形式，是利用各个因素的比较值与基准值之间的差额，来计算各因素对分析指标的影响。使用因素分析法分析某一因素对分析指标的影响时，假定其他因素都不变，顺序确定每一个因素单独变化产生的影响。使用因素分析法时应当注意：

（1）因素分解的关联性。

（2）因素替代的顺序性。

（3）顺序替代的连环性。

（4）计算结果的假定性：由于因素分析法计算的各因素变动的影响数，会因替代计算顺序的不同而有差别，因此计算结果不免带有假定性，即它不可能使每个因素计算的结果都达到绝对准确。

3. 属于财务分析的局限性表现在（   ）。

A. 资料来源的局限性   B. 分析方法的局限性

C. 分析对象的局限性   D. 分析指标的局限性

【答案】ABD

【解析】财务分析的局限性主要表现为资料来源的局限性、分析方法的局限性和分析指标的局限性。

三、判断题

1. 在财务分析中，将通过对比两期或连续数期财务报告中的相同指标，以说明企业财务状况或经营成果变动趋势的方法称为水平分析法。（   ）

【答案】√

【解析】趋势分析法又称水平分析法，是通过对比两期或连续数期财务报告中的相同指标，确定其增减变动的方向、数额和幅度，来说明企业财务状况或经营成果的变动趋势的一种方法。

2. 财务报表是按照会计准则编制的，所以能准确地反映企业的客观实际。（   ）

【答案】×

【解析】财务报表虽然是按照会计准则编制的，但不一定能准确地反映企业的客观实际。

3. 上市公司的市盈率一直是广大股票投资者进行中长期投资的重要决策指标。（   ）

【答案】×

【解析】比率指标的计算一般都是建立在以历史数据为基础的财务报表之上的，这使比率指标提供的信息与决策之间的相关性大打折扣。

【职业能力训练】

一、单项选择题

1. 短期债权人在进行企业财务分析时，最为关心的是（　　）。
   A. 企业获利能力　　　　　　　　B. 企业支付能力
   C. 企业社会贡献能力　　　　　　D. 企业资产营运能力

2. 如果企业速动比率很小，下列结论成立的是（　　）。
   A. 企业流动资产占用过多　　　　B. 企业短期偿债能力很强
   C. 企业短期偿债风险很大　　　　D. 企业资产流动性很强

3. 企业大量增加速动资产可能导致的结果是（　　）。
   A. 减少财务风险　　　　　　　　B. 增加资金的机会成本
   C. 增加财务风险　　　　　　　　D. 提高流动资产的收益率

4. 下列各项中，不会影响流动比率的业务是（　　）。
   A. 用现金购买短期债券　　　　　B. 现金购买固定资产
   C. 用存货进行对外长期投资　　　D. 从银行取得长期借款

5. 下列各项中，可能导致企业资产负债率变化的经济业务是（　　）。
   A. 收回应收账款
   B. 用现金购买债券
   C. 接受所有者投资转入的固定资产
   D. 以固定资产对外投资（按账面价值作价）

6. 某企业2020年营业收入为36 000万元，流动资产平均余额为4 000万元，固定资产平均余额为8 000万元。假定没有其他资产，则该企业2020年的总资产周转率为（　　）次。
   A. 3.0　　　　　　B. 3.4　　　　　　C. 2.9　　　　　　D. 3.2

7. 在杜邦财务分析体系中，综合性最强的财务比率是（　　）。
   A. 净资产收益率　　　　　　　　B. 总资产净利率
   C. 总资产周转率　　　　　　　　D. 营业净利率

8. 如果流动负债小于流动资产，则期末以现金偿付一笔短期借款所导致的结果是（　　）。
   A. 营运资金减少　　　　　　　　B. 营运资金增加
   C. 流动比率降低　　　　　　　　D. 流动比率提高

9. 下列各项展开式中不等于每股收益的是（　　）。
   A. 总资产收益率 × 平均每股净资产

    B. 股东权益收益率 × 平均每股净资产

    C. 总资产收益率 × 权益乘数 × 平均每股净资产

    D. 主营业务收入净利率 × 总资产周转率 × 权益乘数 × 平均每股净资产

10. 在下列财务分析主体中，必须对企业营运能力、偿债能力、盈利能力及发展能力的全部信息予以详尽了解和掌握的是（   ）。

    A. 短期投资者   B. 企业债权人   C. 企业经营者   D. 税务机关

11. 在下列各项指标中，能够从动态角度反映企业偿债能力的是（   ）。

    A. 现金流动负债比率   B. 资产负债率

    C. 流动比率   D. 速动比率

12. 在下列关于资产负债率、权益乘数和产权比率之间关系的表达式中，正确的是（   ）。

    A. 资产负债率 + 权益乘数 = 产权比率

    B. 资产负债率 − 权益乘数 = 产权比率

    C. 资产负债率 × 权益乘数 = 产权比率

    D. 资产负债率 ÷ 权益乘数 = 产权比率

13. 在下列财务业绩评价指标中，属于企业获利能力基本指标的是（   ）。

    A. 营业利润增长率   B. 总资产报酬率

    C. 总资产周转率   D. 资本保值增值率

14. 下列各项中，不属于速动资产的是（   ）。

    A. 应收账款   B. 预付账款   C. 应收票据   D. 货币资金

15. 下列各项中，不属于财务业绩定量评价指标的是（   ）。

    A. 获利能力   B. 资产质量指标

    C. 经营增长指标   D. 人力资源指标

16. 下列各项中，可用于计算营运资金的算式是（   ）。

    A. 资产总额 − 负债总额   B. 流动资产总额 − 负债总额

    C. 流动资产总额 − 流动负债总额   D. 速动资产总额 − 流动负债总额

17. 下列指标中，其数值大小与偿债能力大小同方向变动的是（   ）。

    A. 产权比率   B. 资产负债率

    C. 已获利息倍数   D. 带息负债比率

18. 某企业 2019 年和 2020 年的营业净利润分别为 7% 和 8%，资产周转率分别为 2 和 1.5，两年的资产负债率相同，与 2019 年相比，2020 年的净资产收益率变动趋势为（   ）。

    A. 上升   B. 下降   C. 不变   D. 无法确定

19. 下列各项中，不会稀释公司每股收益的是（   ）。

    A. 发行认股权证   B. 发行短期融资券

    C. 发行可转换公司债券   D. 授予管理层股份期权

20. 下列各项财务指标中，能够提示公司每股股利与每股收益之间关系的是（   ）。

    A. 市净率   B. 股利支付率   C. 每股市价   D. 每股净资产

二、多项选择题

1. 财务分析的内容包括（　　　　）。
   A. 偿债能力分析　　　　　　　　　B. 营运能力分析
   C. 盈利能力分析　　　　　　　　　D. 现金流量分析
2. 下列各项中，可能直接影响企业净资产收益率指标的措施有（　　　　）。
   A. 提高营业净利率　　　　　　　　B. 提高资产负债率
   C. 提高总资产周转率　　　　　　　D. 提高流动比率
3. 比率分析指标主要有（　　　　）。
   A. 效率比率　　　B. 结构比率　　　C. 相关比率　　　D. 周转率
4. 下列各项中，与净资产收益率密切相关的有（　　　　）。
   A. 主营业务净利率　　　　　　　　B. 总资产周转率
   C. 总资产增长率　　　　　　　　　D. 权益乘数
5. 反映企业偿债能力的指标是（　　　　）。
   A. 流动比率　　　B. 资产负债率　　　C. 存货周转率　　　D. 销售毛利率
6. 反映企业短期偿债能力的指标是（　　　　）。
   A. 速动比率　　　B. 资产负债率　　　C. 现金比率　　　D. 流动比率
7. 一个健全有效的企业综合财务指标体系必须具备的基本要素包括（　　　　）。
   A. 指标数量多　　　　　　　　　　B. 指标要素齐全适当
   C. 主辅指标功能匹配　　　　　　　D. 满足多方信息需要
8. 利息保障倍数（　　　　）。
   A. 反映长期偿债能力　　　　　　　B. 反映偿付利息的能力
   C. 至少应大于1　　　　　　　　　D. 至少应大于2
9. 反映流动资产周转情况的指标有（　　　　）。
   A. 应收账款周转率　　　　　　　　B. 应收账款周转天数
   C. 流动资产周转率　　　　　　　　D. 存货周转天数
10. 下列不属于盈利能力的指标是（　　　　）。
    A. 销售毛利率　　　　　　　　　　B. 总资产周转率
    C. 总资产报酬率　　　　　　　　　D. 应收账款周转率
11. 应收账款周转次数多，周转天数少表明（　　　　）。
    A. 企业收账迅速，信用管理严格
    B. 应收账款流动性强，增强了企业短期偿债能力
    C. 可以减少收账费用和坏账损失
    D. 应收账款管理效率高
12. 存货周转速度快，（　　　　）。
    A. 表明存货管理效率高　　　　　　B. 会增强企业短期偿债能力
    C. 会提高企业的获利能力　　　　　D. 会增加存货占用的资金

13. 反映获取现金能力的指标有（　　　　　　　）。
    A. 销售现金比率　　　　　　　　　　B. 每股营业现金净流量
    C. 全部资产现金回收率　　　　　　　D. 现金比率

14. 现金营运指数小于 1（　　　　　　）。
    A. 说明收益质量不够好　　　　　　　B. 说明一部分收益尚未取得现金
    C. 说明收益质量比较好　　　　　　　D. 说明取得收益的代价增加了

15. 现金流量分析一般包括（　　　　　　）。
    A. 收益质量分析　　　　　　　　　　B. 获取现金能力分析
    C. 财务弹性分析　　　　　　　　　　D. 现金流量结构分析

16. 收入质量分析中使用的指标主要有（　　　　　　）。
    A. 利息保障倍数　　　　　　　　　　B. 总资产报酬率
    C. 净收益营运指数　　　　　　　　　D. 现金营运指数

17. 企业计算稀释每股收益时，应当考虑的稀释性潜在的普通股包括（　　　　　　）。
    A. 股票期权　　　　　　　　　　　　B. 认股权证
    C. 可转换公司债券　　　　　　　　　D. 不可转换公司债券

18. 反映获取现金能力的指标有（　　　　　　）。
    A. 销售现金比率　　　　　　　　　　B. 每股营业现金净流量
    C. 全部资产现金回收率　　　　　　　D. 现金比率

19. 固定资产周转率高说明（　　　　　　）。
    A. 固定资产投资得当　　　　　　　　B. 固定资产结构合理
    C. 固定资产利用率高　　　　　　　　D. 企业营运能力不强

20. 财务综合分析的方法主要有（　　　　　　）。
    A. 杜邦财务分析法　　　　　　　　　B. 沃尔比重评分法
    C. 趋势分析法　　　　　　　　　　　D. 因素分析法

三、判断题

（　　）1. 相关比率反映部分与总体的关系。

（　　）2. 盈利能力分析主要分析企业各项资产的使用效果。

（　　）3. 在财务分析中，将通过对比两期或连续数期财务报告中的相同指标，以说明企业
       财务状况或经营成果变动趋势的方法称为水平分析法。

（　　）4. 现金营运指数是经营净收益与净利润之比。

（　　）5. 采用因素分析法，可以分析引起变化的主要原因、变动性质，并可预测企业未来
       的发展前景。

（　　）6. 产权比率高是低风险、低报酬的财务结构，表明债权人的利益因股东提供的资本
       所占比重较大而具有充分保障。

（　　）7. 上市公司盈利能力的成长性和稳定性是影响其市盈率的重要因素。

（　　）8. 在杜邦分析体系中计算权益乘数时，资产负债率是用期末负债总额与期末资产总

额来计算的。

（　　）9. 在财务分析中，将通过对比两期或连续数期财务报告中的相同指标，以说明企业财务状况或经营成果变动趋势的方法称为水平分析法。

（　　）10. 在采用因素分析法时，可任意颠倒顺序，其计算结果是相同的。

（　　）11. 在总资产净利率不变的情况下，资产负债率越高，净资产收益率越高。

（　　）12. 权益乘数的高低取决于企业的资金结构；资产负债率越高，权益乘数越高，财务风险越大。

（　　）13. 市盈率是评价上市公司盈利能力的指标，它反映投资者愿意对公司每股净利润支付的价格。

（　　）14. 资本保值增值率是企业年末所有者权益总额与年初所有者权益总额的比值，可以反映企业当年资本的实际增减变动情况。

（　　）15. 财务分析中的效率指标，是某项财务活动中所费与所得之间的比率，反映投入与产出的关系。

（　　）16. 通过横向和纵向对比，每股净资产指标可以作为衡量上市公司股票投资价值的依据之一。

（　　）17. 在财务分析中，企业经营者应对企业财务状况进行全面的综合分析，并关注企业财务风险和经营风险。

（　　）18. 一般认为，生产企业合理的流动比率是2。

（　　）19. 杜邦分析法主要用于盈利能力分析。

（　　）20. 某企业净利润为 500 万元，所得税费用为 234 万元，利息支出为 300 万元，年初和年末所有者权益分别为 3 000 万元和 3 250 万元，则净资产收益率为 16%。

四、业务分析题

业务分析题一

（一）目的：运用因素分析法分析问题。

（二）资料：

A 公司甲产品的材料成本资料见表 10-4。

表 10-4

项目	计量单位	计划数	实际数
产量	台	300	400
单位产品材料消耗量	千克/台	15	14
材料单价	元/千克	10	12
材料总成本	元	45 000	67 200

（三）要求：

请运用因素分析法分析各因素变动对材料总成本的影响。

业务分析题二

（一）目的：计算公司偿债能力指标并作出相关决策。

（二）资料：

某股份公司 2019 年有关资料见表 10-5。

表 10-5

项目	年初数	年末数	本年数或平均数
存货	7 200	9 600	
流动负债	6 000	8 000	
总资产	15 000	17 000	
流动比率		1.5	
速动比率	0.8		
权益乘数			1.5
流动资产周转次数			4
净利润			2 880

（三）要求：

1. 计算流动资产的年初余额、年末余额和平均余额（假定流动资产由速动资产与存货组成）。

2. 计算本年产品销售收入净额和总资产周转率。

3. 计算销售净利率和自有资金利润率。

4. 假定该公司 2020 年的投资计划需要资金 2 100 万元，公司目标资金结构是维持权益乘数为 1.5 的资金结构，公司需按规定提取 10% 的盈余公积金和 5% 的公益金。请按剩余股利政策确定该公司向投资者分红的金额。

业务分析题三

（一）目的：计算公司相关财务指标。

（二）资料：

MT 公司 2019 年年初所有者权益总额为 1 500 万元，该年的资本保值增值率为 125%（该年度没有出现引起所有者权益变化的客观因素），2020 年年初负债总额为 4 000 万元，所有者权益是负债的 1.5 倍，该年的资本积累率为 150%，年末资产负债率为 0.25，负债的平均利率为 10%，全年固定成本总额为 975 万元，净利润为 1 005 万元，适用的企业所得税税率为 25%。

（三）要求：

根据上述资料，计算 MT 公司的下列指标：

1. 2019 年年末的所有者权益总额。

2. 2020 年年初的所有者权益总额。

3. 2020 年年初的资产负债率。

4. 2020 年年末的所有者权益总额和负债总额。

5. 2020 年年末的产权比率。

6. 2020 年的所有者权益平均余额和负债平均余额。

7. 2020 年的息税前利润。

8. 2020 年总资产报酬率。

9. 2020 年已获利息倍数。

业务分析题四

（一）目的：利用杜邦分析原理分析公司净资产年收益率变化的原因。

（二）资料：

D 公司为一家上市公司，已公布的公司 2020 年财务报告显示，该公司 2020 年净资产收益率为 4.8%，较 2019 年大幅降低，引起了市场各方的广泛关注。为此，某财务分析师详细收集了 D 公司 2019 年和 2020 年的有关财务指标，见表 10-6。

表 10-6

项目	2019 年	2020 年
销售净利率	12%	8%
总资产周转率（次数）	0.6	0.3
权益乘数	1.8	2

（三）要求：

1. 计算 D 公司 2019 年净资产收益率。

2. 计算 D 公司 2020 年、2019 年净资产收益率的差异。

3. 利用因素分析法依次测算销售净利率、总资产周转率和权益乘数的变动时 D 公司 2020 年净资产收益率下降的影响。

业务分析题五

（一）目的：利用财务分析原理分析解决公司存在的财务问题。

（二）资料：

E 公司为一家上市公司，为了适应外部环境变化，拟对当前的财务政策进行评估和调整，董事会召开了专门会议，要求财务部对财务状况和经营成果进行分析，相关资料如下：

资料一：公司有关的财务资料（见表 10-7、表 10-8）

表 10-7

财务状况有关资料

单位：万元

项目	2019 年 12 月 31 日	2020 年 12 月 31 日
股本（每股面值 1 元）	6 000	11 800
资本公积	6 000	8 200
留存收益	38 000	40 000
股东权益合计	50 000	60 000
负债合计	90 000	90 000
负债和股东权益合计	140 000	150 000

表 10-8

经营成果有关资料

单位：万元

项目	2018 年	2019 年	2020 年
营业收入	120 000	94 000	112 000
息税前利润	*	200	9 000
利息费用	*	3 600	3 600
税前利润	*	3 600	5 400
所得税	*	900	1 350
净利润	6 000	2 700	4 050
现金股利	1 200	1 200	1 200

注："*"表示省略的数据。

资料二：该公司所在行业相关指标平均值：资产负债率为 40%，利息保障倍数（已获利息倍数）为 3 倍。

资料三：2020 年 2 月 21 日，公司根据 2019 年度股东大会决议，除分配现金股利外，还实施了股票股利分配方案，以 2019 年年末总股本为基础，每 10 股送 3 股工商注册登记变更后公司总股本为 7 800 万股，公司 2020 年 7 月 1 日发行新股 4 000 万股。

资料四：为增加公司流动性，董事陈某建议发行公司债券筹资 10 000 万元，董事王某建议，改变之前的现金股利政策，公司以后不再发放现金股利。

（三）要求：

1. 计算 E 公司 2020 年的资产负债率、权益乘数、利息保障倍数、总资产周转率和基本每股收益。

2. 计算 E 公司在 2019 年年末息税前利润为 7 200 万元时的财务杠杆系数。

3. 结合 E 公司目前偿债能力状况，分析董事陈某提出的建议是否合理并说明理由。

4. E 公司 2018 年、2019 年、2020 年执行的是哪一种现金股利政策？如果采纳董事王某的建议停发现金股利，对公司股价可能会产生什么影响？

孔德兰，二级教授，国家"万人计划"教学名师，国务院特殊津贴专家，注册会计师，现任浙江金融职业学院教务处处长兼会计学院院长。全国高职高专会计系主任（院长）联席会秘书长，全国高职高专经济管理类专业教学资源建设专家委员会副秘书长，中国商业会计学会常务理事兼高职高专部副主任，教育部财政行指委会计专业委员会委员。

国家示范性重点专业会计专业负责人，浙江省专业带头人；国家精品资源共享课、国家精品课程"财务管理实务"负责人，国家职业教育会计专业教学资源库"企业财务会计"课程主持人；浙江省新世纪"151"人才工程第二层次，浙江省高校教学名师，获国家级教学成果奖一等奖 1 项、二等奖 2 项，第四届黄炎培职业教育奖杰出教师奖；首届浙江省高等学校教坛新秀、浙江省高等教育教学成果奖一等奖 3 项、浙江省优秀教师、浙江省级教学团队、浙江省先进会计工作者、浙江省"三八红旗手"、浙江省"优秀共产党员"等省级荣誉。

主要研究方向为财务与会计、高等职业教育，公开出版学术专著 3 部，在《中国高教研究》《财务与会计》等刊物公开发表论文 50 余篇，其中 8 篇被中国人民大学复印资料全文转载；主持省部级研究课题 7 项，厅级课题 8 项。主编国家"十二五"规划教材 6 部，主编国家"十一五"规划教材 1 部，主编浙江省重点教材 3 部，主编会计专业论著 7 部，主编其他会计统编教材 27 部。

郑重声明

防伪查询说明

用户购书后刮开封底防伪涂层，利用手机微信等软件扫描二维码，会跳转至防伪查询网页，获得所购图书详细信息。用户也可将防伪二维码下的 20 位密码按从左到右、从上到下的顺序发送短信至 106695881280，免费查询所购图书真伪。

反盗版短信举报

编辑短信"JB，图书名称，出版社，购买地点"发送至 10669588128

防伪客服电话

（010）58582300

资源服务提示

授课教师如需获取本书配套教辅资源，请登录"高等教育出版社产品检索系统"（http://xuanshu.hep.com.cn/），搜索本书并下载资源。首次使用本系统的用户，请先注册并进行教师资格认证。

资源服务支持电话：010-58581854　邮箱：songchen@hep.com.cn

高教社高职会计教师交流及资源服务 QQ 群：708994051

与本书配套的数字课程可通过登录"智慧职教"（www.icve.com.cn）平台，进入"财务管理实务"进行在线学习，也可通过扫描书中二维码观看部分教学视频，详见"郑重声明"页资源服务提示。